Jürgen Mayer

Mallorca
für die Hosentasche

Was Reiseführer verschweigen

W0234018

FISCHER TaschenBibliothek

2. Auflage: Dezember 2015

Erschienen bei FISCHER Taschenbuch
Frankfurt am Main, April 2015

© S. Fischer Verlag GmbH, Frankfurt am Main 2015
Umschlaggestaltung und -abbildung: Geviert – Büro für
Kommunikationsdesign, München
unter Verwendung von Motiven von Shutterstock
Satz: Dörlemann Satz, Lemförde
Druck und Bindung: Kösel, Altusried-Krugzell
Printed in Germany
ISBN 978-3-596-52057-2

Inhalt

Vorwort

Hinterm Horizont ist Wasser: über das Wesen einer Insel

Meine Schwiegermutter stand zum ersten Mal auf unserer Terrasse, in unserer neuen Wahlheimat, dem Dörfchen Alaró auf Mallorca. Sie drehte sich einmal um die eigene Achse. Rat- und etwas orientierungslos sagte sie dann den entscheidenden Satz, über den wir noch oft reden und lächeln sollten: »Das Meer, in welcher Richtung liegt denn jetzt das Meer?« Wir unternahmen für die Antwort die gleiche 360°-Rotation und zeigten in sämtliche Himmelsrichtungen: »Da, da, da und da ist das Meer!«

Damit wäre die erste Lektion gelernt: Ja, Mallorca ist eine Insel. Seit Jahrtausenden. Abgeschnitten vom Rest der Welt durch Wasser. Tiefes Wasser. So etwas prägt, macht eigensinnig, manchmal auch eigenartig. Auf jeden Fall aber besonders. Das kennen wir von allen Insulanern, und die Mallorquiner sind da keine Ausnahme.

Wobei diese Insel tatsächlich etwas Besonderes ist. Besonders abwechslungsreich. Besonders schön. Besonders sauber. Besonders sicher. Für Deutsche ist sie auch besonders gut erreichbar, besonders nah. Und bei fast vier Millionen deutschen Besuchern pro Jahr darf sie sich auch völlig zu Recht »Lieblingsinsel der Deutschen« nennen. Weder Sylt noch Rügen locken auch nur annähernd so viele Menschen an.

1993 forderte der CSU-Bundestagsabgeordnete Dionys Jobst sogar, dass Mallorca das 17. Bundesland Deutschlands werden sollte. 50 Milliarden Mark sollte die Bundesregierung dafür zahlen. Wer auch nur ein einziges Mal auf der Insel war, der wird diesen Vorschlag verstehen können. Wenn Mallorca auch nie zu Deutschland gehören wird, so ist es doch das spanischste Bundesland.

Dafür spricht auch die ungeheuerliche Präsenz der Insel in den deutschsprachigen Medien. Ein Wasserrohrbruch mit Straßenüberschwemmung in Artá schafft es manchmal schneller ins Fernsehen als ein abgerutschter Berg nach Unwettern in den Alpen. Auch das sorgt dafür, dass Mallorca niemals in Vergessenheit gerät.

Oft wird über Mallorca auch gestritten und diskutiert. Man regt sich über den Ballermann auf. Oder über die angeblich so reichen Angeber mit ihren Yachten in Port d'Andratx. Oder über die Mallorquiner, die gerissen, korrupt, unfreundlich oder je nach Tagesbefindlichkeit die liebenswürdigsten Menschen unter der Mittelmeersonne sein sollen. Alles falsch! Alles Vorurteile!

Partytouristen, Yachtbesitzer, Mallorquiner – alle

sind so verschieden, so individuell, so einzigartig und abwechslungsreich wie die Insel selbst. Und sie gehören alle dazu wie die Kathedrale zu Palma oder der »Rote Blitz« nach Sóller.

In diesem Buch finden sich alle wieder. Betrachtet aus der Perspektive eines Deutschen, der seit vielen Jahren auf Mallorca lebt und diese Insel liebt. Und der sich jeden Tag freut, begeistert und gespannt ist, was es noch zu entdecken gibt.

Obwohl Mallorca noch immer das beliebteste Reiseziel der Deutschen ist und über 30 000 deutsche Auswanderer dort leben, besteht scheinbar eine gewisse Ahnungslosigkeit zumindest über die geographische Lage Mallorcas. Wenn man nachschaut, was die Autovervollständigung vorschlägt, wenn man »Ist Mallorca …« bei Google eingibt, kann man sich nur wundern. Die ersten Vorschläge lauten nämlich: Ist Mallorca … ein Land? Oder sogar ein deutsches Bundesland? Vielleicht eine kanarische Insel? Und wie groß ist Mallorca überhaupt? Um die Antworten sofort zu liefern: Mallorca ist etwa achtmal so groß wie der Bodensee. Aber kein Land, sondern eine spanische Insel. Dies müssen Sie also jetzt schon nicht mehr googeln.

Ach ja. Falls Sie tatsächlich direkt nach Ihrer Ankunft auf dem Flughafen von Son Sant Joan danach suchen sollten: Das Meer ist wirklich überall. Da, da, da. Und da!

Insel

Mallorca ist der Mittelpunkt der Welt

Irgendwas stimmt da nicht. Das Ding ist absolut windschief. Eine schiefe Raute. Genauso sieht Mallorca aus, wenn man aus dem All darauf schaut.

Vom Himmel aus müsste man Mallorca eigentlich sofort finden. Denn der Legende nach ist der Mittelpunkt der Insel gleichzeitig auch der Mittelpunkt der Welt. Die wurde, so die Sage, jahrtausendelang von vier Säulen getragen. Inzwischen sind jedoch drei Säulen unter der Last zerbrochen. Und die letzte verbliebene Säule liegt genau unter der Inselmitte, exakt unter der mächtigen Kirche im Dorf Sineu.

Die ganze Verantwortung für das Gleichgewicht der Welt lastet also auf Sineu, auf dem Mittelpunkt Mallorcas. Damit ist aber immer noch nicht geklärt, warum die windschiefe Form der Insel so viele Menschen irritiert. Warum es manchmal so schwierig ist, genau zu sagen, wo jetzt noch mal gleich welche Himmelsrichtung liegt.

Daran ist tatsächlich die Raute schuld. Diese merkwürdige Form. Mallorquinische Kartographen galten im 13. Jahrhundert als die Besten der Welt, sie führten spanische Seefahrer über den Atlantik bis tief in den Süden Afrikas. Vermutlich hat ihnen damals die verwirrende Geografie ihrer Heimat das Talent zum Kartenzeichnen in die Wiege gelegt. Wer sich auf Mallorca zurechtfindet, kann locker auch durch den Rest der Welt navigieren.

Auf Landkarten sieht es so aus, als sei Mallorca an der oberen Spitze dieser Raute aufgehängt, als habe man einen Nagel genau durch das Cap Formentor gehämmert. Das ist der nördlichste Punkt. Womit das eigentliche Problem erst beginnt: Für eine Insel ist so ein einzelner Punkt verdammt wenig Norden.

Die Nordküste, die Costa Nord, die gibt es strenggenommen gar nicht. Dieser Norden, der mit seiner zerklüfteten Steilküste und seinen spektakulären Blicken auf das Mittelmeer beeindruckt, ist eigentlich eine Mischung aus Norden und Westen. Fährt man immer die Costa Nord von der Spitze aus entlang – also vom Leuchtturm am Cap Formentor ausgehend –, dann kommt man vorbei an Sóller, Deià, Estellencs. Und landet direkt im Südwesten. Geographisch eigentlich ein Ding der Unmöglichkeit.

Und wo ist dabei der Westen geblieben? Der existiert für die Mallorquiner nicht. Klar, der wunderbare Küstenort Sant Elm ist der westlichste Teil der Insel, direkt an der Spitze. Doch auch ihn zählen die Mallorquiner zum Südwesten. Noch nicht mal einen

Leuchtturm haben sie der Westspitze gegönnt. Der steht südlich nebenan, bei Port d'Andratx.

Das Gegenstück dazu ist Cala Ratjada – östlichster Punkt der Raute, unumstritten, selbstverständlich mit Leuchtturm und Blick bis nach Menorca bei gutem Wetter.

Und der südlichste Punkt? Viele glauben, das sei der Strand Es Trenc, das karibischste Stück Mallorcas. Aber Es Trenc liegt viel zu westlich, um der Süden zu sein. Die wirkliche Südspitze ist das Cap de Ses Salines – ein zerklüftetes, felsiges Stück Küste. Man erreicht es über eine kleine Landstraße, die zu einem Leuchtturm führt.

Wenn man all diese Ecken miteinander verbinden und einmal jede Himmelsrichtung der Insel persönlich erfahren will, von Leuchtturm zu Leuchtturm, dann ist man lange unterwegs. 410 Kilometer Strecke. Und die ist nicht an einem Tag zu bewältigen. Dafür sind die Straßen zu eng, zu steil, zu kurvig. Aber wer es geschafft hat, vielleicht in zwei oder drei Tagen, der darf mit Fug und Recht behaupten: »Ich bin einmal um den Mittelpunkt der Welt gefahren!«

Rekordverdächtig

Auf Mallorca sammeln sich viele Besonderheiten und Talente. Zwar sind die Mallorquiner nicht führend in den bekanntesten Kategorien, einige Weltrekorde, die in ihrer Vielfalt den Abwechslungsreichtum der Insel widerspiegeln, haben sie aber in der Tasche.

Weltrekord im Eisverkauf am Wagen – Antonio Prados Pertínez hat 54 Jahre lang in Palma aus seiner Karre Eis verkauft – immer an der gleichen Stelle zwischen Kathedrale und Meer. Das gilt als inoffizieller Weltrekord. Ende Januar 2005 ist er mit 68 Jahren gestorben, drei Monate nach Aufgabe seines mobilen Eisgeschäfts.

Ältestes Bahnhofsgebäude – 1606 wurde das Herrenhaus mitten in Sóller gebaut, das seit 1912 als Bahnhof des Sóller-Zuges genutzt wird. Das Baujahr steht über dem Haupteingang. Noch immer gibt es auch den Verteidigungsturm aus dem 17. Jahrhundert.

Teuerster Frischfisch – Der *raor* – zu Deutsch: Rasiermesserfisch – ist äußerst selten, kommt nur an ganz wenigen Küsten Mallorcas vor und kann nur gegen Ende des Sommers gefangen werden. Er soll einen ganz außergewöhnlichen Geschmack haben. Weil besonderer Geschmack auch immer ein bisschen teurer ist, kostet der Rasiermesserfisch pro Kilo mindestens 90 Euro.

Ältester Fremdenverkehrsband – Der Unternehmer und Journalist Enrique Alzamora Gomà gründete 1905 die Institution, die Mallorca als touristisches Ziel bekannt machen sollte: *Fomento del Turismo.* Dies ist damit der älteste Fremdenverkehrsverband der Welt. Und er existiert noch heute. In jedem Jahr erstellt er Statistiken zu den Urlauberzahlen. Er verlegt Landkarten, Broschüren und Inselführer, organisiert Reisen und leitet geführte Exkursionen. Der Verband ist nach wie vor außerordentlich einflussreich.

Teuerste Tunnel-Maut – Drei Kilometer kosten pro PKW 5,05 Euro, Motorradfahrer werden mit 2 Euro zur Kasse gebeten. Man zahlt diesen Betrag pro Strecke, wenn man von Palma nach Sóller fährt und umgekehrt. Wer das Geld sparen will, muss über den Pass Coll de Sóller. Das bedeutet: Sechzig Kurven, 400 Meter Höhenunterschied und zwanzig Minuten längere Fahrzeit. Der Tunnel wurde 1997 von einem Privatunternehmen gebaut, das Mautgebühren kassieren darf. In jedem Jahr dürfen diese um die Inflationsrate erhöht werden. Knapp 1,70 Euro kostet inzwischen jeder Kilometer Tunnel.

Höchste Zahl von Starts und Landungen – In der Hauptsaison hat der Flughafen jedes Jahr an mindestens einem Wochenende die höchste Zahl aller Starts und Landungen pro Bahn. Im August etwa kommt es vor, dass von Freitag bis Sonntag rund 2600 Flugzeuge abheben oder aufsetzen. Da sich bei stabilem Wind fast alle Flugbewegungen auf die gleiche Start- und Landebahn konzentrieren, hält diese eine Bahn, die am Wochenende in Betrieb ist, regelmäßig den weltweiten Wochenend-Rekord.

Ältester Kinderchor der Welt – *Els Blauets* ist der Kinderchor des Heiligtums Lluc. Er tritt regelmäßig in der Kirche des Klosters auf – und das seit 1450, dem Jahr seiner Gründung. Damit gilt er als der älteste Kinderchor der Welt, der ohne Unterbrechung existiert.

Teuerster Salat – Jedes Blatt ist fast Gold wert. *Cames roges* wächst nur von Herbst bis Winteranfang und ist sehr schwer zu finden. In Deutschland kennt man ihn als wilden Zichorie oder Wegwarte. Er wird an brach liegenden Feldern geerntet und zeigt seine typische Geschmacksnote nur, wenn er tatsächlich wild gewachsen ist. Das hat allerdings seinen Preis: In den Gemüseläden bezahlt man für jedes Kilo rund 30 Euro.

Größtes Straußenei – Simba heißt die Straußenmutter auf der Farm *Artestruz* bei Campos, die dieses Rekordei am 13. Mai 2004 gelegt hat. Sie war damals fünf Jahre alt – und ihr Ei ist das schwerste, das je gewogen wurde. Ein Notar hat bestätigt: Das Ei wog exakt 2371 Gramm und war damit fast ein Kilo schwerer als ein übliches Straußenei. Den vorherigen Rekord eines Straußeneis aus China hat Simba um 21 Gramm überboten.

Die meisten sabrierten Champagnerflaschen in einer Minute – Sabrage nennt man das Köpfen von Champagnerflaschen mit dem Degen. Napoleon Bonaparte hat es erfunden. Er ließ nach jeder gewonnen Schlacht von seinen Dienern den Champagner vor seinen Augen mit einem Degen öffnen. Seitdem wird das Sabrieren an guten Hotel- und Restaurantschulen gelehrt. Am 8. August 2014 stellte der Deutsche Andreas Rousseau bei einem Fest im *Nuevo Pueblo Español* in Palma einen neuen Weltrekord auf, der ihm einen Eintrag ins Guinness-Buch der Rekorde bescherte: Er köpfte innerhalb einer Minute 39 Champagnerflaschen. Andreas Rousseau arbeitet als »Food and Beverage«-Manager in einem Luxushotel in Bendinat auf Mallorca.

Die Insel in Zahlen

Nun aber zu den harten Fakten: Nur sechs Inseln im gesamten Mittelmeer sind größer als Mallorca. Sizilien, Sardinien, Zypern, Korsika, Kreta und auch Euböa laufen Mallorca locker den Rang ab, was die reine Fläche angeht. Aber sie alle können Mallorca nicht das Wasser reichen, was Urlauberzahlen, Hotelbetten und Flugbewegungen angeht. Der Airport Catania auf der größten Insel Sizilien beispielsweise fertigt pro Jahr nicht mehr als 6,24 Millionen Passagiere ab (Stand 2012). Das schafft Son Sant Joan in zwei guten Sommermonaten.

Auch die Bevölkerungsdichte ist rekordverdächtig. Auf jeden Quadratkilometer Mallorca kommen 243 Einwohner. Verglichen mit Sardinien (68 Einwohner/km²) oder Kreta (72 Einwohner/km²) müsste auf Mallorca eigentliche drangvolle Enge herrschen – selbst ohne Urlauber. Aber es verläuft sich, auf die Städte und Dörfer, auf kleine Urbanisationen, wie die Siedlungen außerhalb der Gemeinden genannt werden.

Wobei ein Rekord auch nicht immer nur eine schöne Sache ist. Mallorca hält auch die Rekordfahne in Sachen Autos ganz hoch. Nirgendwo in Europa sind so viele PKW zugelassen. Auf 1000 Mallorquiner kommen 900 Autos. Und da spielen die Mietwagen keine so große Rolle, dass sie die Statistik wesentlich beeinflussen würden. Offenbar steht ein Großteil der Autos in alten Schuppen herum oder wurde längst verschrottet – es hat sie nur niemand abgemeldet.

Größe: 3603 km^2
Einwohner: 876147
Bevölkerungsdichte: 243,1 Einwohner/km^2
Pro-Kopf-Einkommen: 24200 Euro/Jahr
Amtssprachen: Spanisch und Katalanisch
Höchste Erhebung: 1445 Meter
Ost-West-Ausdehnung: 98 km
Nord-Süd-Ausdehnung: 78 km
Küstenlinie: 554 km
Entfernung nach Barcelona: 245 km
Entfernung nach Valencia: 259 km
Entfernung nach Marseille: 532 km
Straßennetz: 4400 km
Zugelassene PKW: 630000
Gemeinden: 53
Müllmenge: 550000 Tonnen/Jahr

Stadt, Land, kein Fluss

Mallorca besteht aus 53 selbstverwalteten Städten und Gemeinden. Die mit Abstand größte ist Palma, das kleinste Dorf ist Búger in der Inselmitte mit nur gut acht Quadratkilometern Fläche und gerade mal 1029 Einwohnern. Alles außerhalb Palmas wird als »fremder Teil« der Insel bezeichnet – als *part forana*. Sogar in den seriösen Tageszeitungen ist das die Überschrift für jene Seiten mit Reportagen und Meldungen, die sich nicht um die Hauptstadt drehen.

Einen Fluss sucht man auf der Insel vergebens. Es gibt auch keinen natürlichen See. Die beiden großen Seen Cúber und Gorg Blau im Gebirge sind künstlich gestaut und dienen als Trinkwasser-Reservoire. Überall findet man dagegen ausgetrocknete Flussbäche. Sie heißen *torrentes* und führen nur nach extremen Regenfällen Wasser. Dann aber richtig. Die trockenen Gräben verwandeln sich in regelrechte Sturzbäche. Die *torrentes* dienen dem Hochwasserschutz und bedürfen aufwendiger Pflege. Einmal im Jahr bekommt jeder *torrent* Besuch von einem Trupp Arbeiter, der Büsche und Gräser entfernt und eingebrochene Kanten ausbessert.

Und die Landschaft auf Mallorca? Ist vielfältig. Genauer gesagt: sechsfältig. Es gibt sechs Zonen, sechs *comarques*, die wie ein großes Puzzle die Insel Mallorca bilden. Das sind keine Verwaltungsbezirke, sondern geologische Zonen, geschaffen von Mutter Natur bereits im Erdmittelalter. Seit mehr als 100 Millionen Jahren schiebt sich die afrikanische unter die eurasische Platte. Dort, wo die Erdkruste diesem Druck nachgegeben hat, faltet sie sich nach oben. Kontinentaldrift nennen Geologen das Ganze. Mallorca ist ein Faltengebirge, das aus dem Meer ragt. Die sechs *comarques* haben sich aus dem ergeben, was bei der Faltung an unterschiedlichen Landschaften herausgekommen ist. Sie sind meist nach den Winden der jeweiligen Himmelsrichtung benannt.

Llevant – Liegt ganz im Osten und umfasst die Orte Artá, Manacor und Cala Ratjada. Etwa 75 000 Menschen leben hier. Leichte Hügel prägen die Landschaft, nur drei Berge schaffen es über die 500-Meter-Marke. Der höchste davon ist der Puig Morei mit 561 Metern.

Migjorn – Mallorcas Süden. Reicht von Felanitx, Santanyí und Llucmajor bis nach S'Arenal. Im Zentrum liegt Campos. Die Zone mit rund 76 000 Einwohnern ist eigentlich flach wie ein Teller, deshalb sticht der einzige Berg mit seiner riesigen Jesus-Figur hervor wie in Rio der Zuckerhut: Der Puig de Sant Salvador bei Felanitx mit 509 Metern.

Es Pla – Die Mitte. Flach. Fruchtbar. Ursprünglich. Die Gipfel der Tramuntana thronen wie eine riesige Fototapete im Hintergrund der Landschaften, bieten aber auch sicheren Schutz vor Winden. Hier wachsen Kartoffeln, Mais, Reis und Gemüse, aber auch Wein, Mandeln und Oliven. Das Gebiet mit der alten Hauptstadt Sineu als Zentrum wird oft als Kornkammer Mallorcas bezeichnet, doch Getreide wird nur noch selten angebaut. Die rund 52 000 Einwohner verteilen sich auf viele kleine Dörfer. Fast von der ganzen Insel kann man die höchste Erhebung am Rand des Pla sehen: den 542 Meter hohen Tafelberg Puig de Randa bei Algaida.

Raiguer – Direkt am Südhang der Tramuntana gelegen. Ein langer Streifen, der von Alcúdia bis an Palmas Stadtgrenze nach Marratxí reicht. Mehr als 124 000 Einwohner sind hier gemeldet. Die Lederstadt Inca liegt genau in der Mitte. Es gibt sehr viel Wasser in dieser Landschaft, aber der landwirtschaftliche Anbau ist wegen des unebenen Geländes oft schwierig. Dafür gedeiht der Wein hier umso besser, vor allem rund um die Ortschaften Binissalem und Santa Maria.

Serra de Tramuntana – Die Berge im Nordwesten und ihre Ausläufer. 90 Kilometer lang, 15 Kilometer breit, rund 100 000 Bewohner. Schroff, oft unwirtlich, feucht. Ein Naturparadies. Reicht von der Gemeinde Calvià bis zum Cap Formentor bei Pollença. Mit Port de Sóller gibt es nur eine wirklich große Bucht zwischen den Felsen der Steilküste. Wegen des Steigungsregens ist die Niederschlagsmenge mit großem Abstand die höchste der Insel. In den fruchtbaren Tälern wird viel Obst angebaut.

Bucht von Palma – Das Gebiet der Hauptstadt. Von der Fläche her die kleinste Zone, aber auch die mit den meisten Menschen. Und die werden mehr und mehr und mehr. Noch vor einhundert Jahren lebten hier 67 500 Menschen, heute sind es über 400 000, mehr als jeder zweite Inselbewohner.

Die zehn größten Städte

10. Sóller (14 229 Einwohner) – Die Orangenhauptstadt hinter den Bergen. Abertausende Orangen- und Zitronenbäumen säumen das Tal bis hin zum Naturhafen Port de Sóller. Über Jahrhunderte war Sóller durch das Tramuntana-Gebirge vom Rest der Insel getrennt. Der Weg über den Pass war beschwerlich. Im 18. Jahrhundert siedelten sich zahlreiche Franzosen dort an, die vor der Revolution geflohen waren. Sie organisierten den Zitrushandel mit Frankreich und bescherten der Stadt den Wohlstand, den man ihr noch heute ansieht. Die Plaça mit dem mächtigen Rathaus und der Kirche *Sant Bartomeu* gilt als eine der Schönsten der Insel. Quer über den Platz fährt der »Orangenexpress« bis zum Hafen, eine historische Straßenbahn, deren ältester Wagen aus dem Jahr

1931 stammt. Zu Sóller gehört auch das malerische Bergdorf Fornalutx. Es wurde mehrfach zum zweitschönsten Dorf Spaniens gekürt.

9. Pollença (16 200 Einwohner) – Idylle ganz im Norden. Das stille Städtchen in den Bergen gehört zu den stimmungsvollsten der Insel. Die Bewohner der Stadt Pollentia – dem heutigen Alcúdia – haben die Siedlung nach der Zerstörung durch die Vandalen gegründet. Sie wollten in einiger Entfernung vom Meer leben, um besser vor Angreifern geschützt zu sein. Die mächtige Dorfkirche und die beeindruckende Plaça locken vor allem sonntags Besucher an. Wegen der zahlreichen Zypressen gilt Pollença auch als die kleine Toskana Mallorcas.

In Port de Pollença begann der britische Tourismus auf der Insel. Dauergast war unter anderem die Schriftstellerin Agatha Christie, die hier zahlreiche Kriminalromane geschrieben haben soll. Die Engländer haben den Hafen und die Stadt deutlich geprägt. Nach wie vor wirkt Pollença »very british«.

8. Felanitx: (17 359 Einwohner) – Der Ort im Osten steht im Schatten eines Berges, der fast auf der ganzen Insel zu sehen ist. Der Puig de Sant Salvador mit seinem gleichnamigen Kloster und dem riesigen Kreuz ist ein beliebter Ausflugsort. Am Hafen Portocolom gibt es zahlreiche Restaurants. Er wurde nach Christoph Kolumbus (Cristóbal Colón) benannt. Nach wie vor behaupten einige Mallorquiner hartnäckig, der Entdecker Amerikas sei nicht in Italien, sondern in Felanitx geboren und aufgewachsen. Belege gibt es dafür allerdings nicht.

7. Alcúdia (20 163 Einwohner) – Die Stadt im Nordosten hat zwei Gesichter. Es gibt den rummeligen Ferienort Port d'Alcúdia mit rund 30 000 Betten und die Stadt Alcúdia. Das alte Stadtzentrum ist von beeindruckenden, dicken Mauern umschlossen. Die Altstadt aus dem 13. bis 17. Jahrhundert ist weitgehend autofrei, die alten Gassen strahlen eine unvergleichliche Ruhe aus, die in deutlichem Kontrast zum benachbarten Badeort steht. Die Stadt galt neben Palma als wichtigste römische Siedlung auf der Insel. Vandalen machten Pollentia im 5. Jahrhundert komplett dem Erdboden gleich. Die ausgegrabenen Reste kann man heute gleich neben dem Mauerring besichtigen. Sie wurden 1957 freigelegt. Die mächtige Stadtmauer wurde 1362 nach der Rückeroberung der Insel von den Mauren errichtet. Sie war ursprünglich sechs Meter hoch, zwei Meter dick, von einem tiefen Graben umgeben und mit 26 Wachtürmen bestückt. Dank ihrer trotzten die Alcúdianer sogar der Belagerung von 6000 Rebellen während der Handwerker- und Bauernaufstände im 16. Jahrhundert.

6. Inca (31032 Einwohner) – Mallorcas Lederstadt in der Inselmitte. Bereits seit dem 13. Jahrhundert werden hier Schuhe hergestellt. Etliche Reiseunternehmen bieten deshalb Busfahrten aus den Ferienorten in die großen Lederhandlungen am Stadtrand an. Im schmuck renovierten Zentrum der Stadt findet man die besten und traditionsreichsten *cellers* Mallorcas – urige Keller-Restaurants mit deftiger Inselküche. Einmal im Jahr, am dritten Donnerstag im November, findet in Inca der *Dijous bo* statt, die größte Messe der Insel. 200000 Besucher strömen dann an einem einzigen Tag in die Stadt.

5. Marratxí (35258 Einwohner) – Den eigentlichen Ort Marratxí gibt es nicht. Es ist nur der Name für eine Gemeindeeinheit zwischen Palma und Inca, zu der unter anderem die Orte Sa Cabaneta, Portol und Pont d'Inca gehören. Direkt an der Autobahn liegt der Festivalpark Marratxí, die Attraktion der Gemeinde. Dort gibt es neben Kinocenter, Bowlingbahn und zahlreichen Restaurants viele Outlet-Geschäfte, in denen Markenprodukte aus auslaufenden Kollektionen deutlich unter den üblichen Preisen verkauft werden.

4. Llucmajor (37257 Einwohner) – Von der Fläche her mit 327 Quadratkilometern die größte Gemeinde der Insel – und historisch bedeutend. Hier verlor am 25. Oktober 1349 König Jaume III. die »Schlacht von Llucmajor« und das Königreich Mallorca damit seine Unabhängigkeit. Ein Denkmal, das man auf dem Weg ins Zentrum passiert, erinnert daran. Zu Llucmajor gehören an der Küste Cala Pi und S'Arenal. Ein Großteil der Steuereinnahmen von der Platja de Palma fließt in die Kassen des Rathauses. Besonders beliebt ist die Plaça d'Espanya im Zentrum mit dem historischen *Café Colon*.

3. Manacor (41 049 Einwohner) – Das Zentrum des Inselostens. Bereits seit 1300 besitzt Manacor Stadtrechte. Die Altstadt ist relativ klein, es dominieren die Industriegebiete am Stadtrand. Zahlreiche Möbelfabriken, aber auch große Schreinereien und Küchenstudios prägen das Bild. Manacor ist die Möbel-Hauspstadt Mallorcas.

Am Ortseingang aus Richtung Palma kommend, stößt man auf *Perlas Majórica*, die riesigen Verkaufsräume der bekanntesten Kunstperlenfabrik der Insel. Die Fabrik wurde 1902 von dem Deutschen Eduard Friedrich Hugo Reusch gegründet, der das Herstellungsverfahren der Perlen erfunden hatte. Um 1950 waren bis zu tausend Arbeiter in der Fabrik damit beschäftigt, die täuschend echten Perlen herzustellen.

Die Manacoris haben mit Porto Cristo ihren eigenen Hafen. Auch die Urlaubsdestinationen Cala Murada, Cales de Mallorca und Cala Romàntica gehören zum Gemeindegebiet.

2. Calvià (52 272 Einwohner) – Der Kernort Calvià mit seinen 2434 Einwohnern ist ein ruhiges, unauffälliges Dorf im Südwesten. Aber zum Gemeindegebiet gehören auch die Ferienorte Magaluf und Santa Ponça, Paguera, Portals Nous und Palmanova. Mehr als 1,4 Millionen Touristen besuchen die Gemeinde jedes Jahr. 585 Kneipen und Bars, 386 Restaurants und 1145 Geschäfte, fünf Yachthäfen, fünf Golfplätze, ein Wasserfreizeitpark, ein Delphinarium und zwanzig Strände warten dort auf Besucher. Fast 124 000 Betten gibt es in 267 Hotels, Appartementanlagen und Ferienhäusern. Calvià gilt als eine der reichsten Gemeinden Spaniens.

1. Palma de Mallorca (407 648 Einwohner) – Die Hauptstadt. Zentrum der Insel, kulturell, wirtschaftlich und politisch. Sitz der Regierung, von allen wichtigen Ämtern und Ministerien sowie des Bischofs von Mallorca. Die Mallorquiner nennen sie einfach *La Ciutat*. Die Stadt.

Die Römer haben sie 123 gegründet und sie nach der Siegespalme *palmeria* benannt. Die Altstadt gilt als einer der besterhaltenen mittelalterlichen Stadtkerne im ganzen Mittelmeerraum. Kneipen und kleine Geschäfte, Boutique-Hotels, schöne Plätze, die alte Seehandelsbörse *Llotja* und repräsentative Gebäude der Regierung ergeben eine Mischung, die viele Besucher fesselt. Man sieht arabische Einflüsse neben typisch spanischen und katalanischen Bauten. Über allem thront die mächtige Kathedrale *La Seu*, eines der bedeutendsten gotischen Bauwerke der Welt. Direkt daneben liegt der Palast *Almudaina*, den das spanische Königshaus für offizielle Empfänge nutzt. Allein in der Altstadt gibt es neben der Kathedrale 31 Kirchen.

Kaum eine Stadt in Spanien ist in den vergangenen Jahrzehnten so stark gewachsen wie Palma. Um 1950 lebten hier nur etwa 100 000 Menschen. Weniger als die Hälfte der Einwohner ist auch in Palma geboren. 25,7 Prozent der Palmesaner kommen vom Festland, 22,2 Prozent aus dem Ausland. Um für alle genügend Wohnraum zu schaffen, dürfen sich seit den siebziger Jahren keine neuen Industriebetriebe mehr auf dem Stadtgebiet ansiedeln.

An der Plaça d'Espanya laufen Stadt- und Bahnverkehr der Insel zusammen. Die Metrobahn bringt Wissenshungrige zur Universität UIB. Der Nahverkehrszug fährt in zwei Linien über Inca nach Manacor und nach Sa Pobla. Und mit dem historischen Zug »Roter Blitz« geht es nach Sóller.

Ein Großteil des Nachtlebens spielt sich in der Altstadt und entlang der Hafenpromenade Paseo Marítimo ab. Zunehmend beliebter wird auch das Viertel Santa Catalina. Nördlich der Stadt erhebt sich in den Bergen das Villenviertel Son Vida mit gleich drei Golfplätzen.

Falsch ausgesprochene Ortsnamen

Santa Ponça – Falsch: Santa Pong-ka. Richtig: Santa Pon-za
Inca – Falsch: In-za. Richtig: Ing-ka
Cala Pi – Falsch: Ka Lappi. Richtig: Ka-la Pí
Andratx – Falsch: An-drax. Richtig: An-dratsch
Kloster Lluc – Falsch: Kloster Lutsch. Richtig: Kloster Juck
Can Picafort – Falsch: Kan Pizza-fort. Richtig: Kan Pikka-fort
Sineu – Falsch: Si-Neu oder Snöh. Richtig: Si-né-u
Binissalem – Falsch: Sim-Sala-Bim. Richtig: Bi-ni-sa-lém
Costitx – Falsch: Kost-nix. Richtig: Kos-títsch
Marratxí – Falsch: Ma-tra-tzi. Richtig: Ma-ra-tschí
Llucmajor – Falsch: Lack-meh-dscher. Richtig: Juck-ma-johr
Pollença – Falsch: Pol-len-za oder Po-jeng-ka. Richtig: Po-jen-za
Llubí – Falsch: Lu-bi. Richtig: Ju-bi
Peguera – Falsch: Pe-ge-ra oder Pe-re-ga. Richtig: Pa-ge-ra
Tramuntana – Falsch: Trans-mun-tan-ja. Richtig: Ta-mun-ta-na
Puig Major – Falsch: Pick Meh-dscher. Richtig: Pudsch Ma-johr
Gorg Blau – Falsch: Schorsch Blau. Richtig: Gorg Blau

Santa Pongka liegt gleich bei Perega: Ortsnamen, die Zungen brechen

Es ist wirklich nicht einfach. Da hat man sich gerade an die spanischen Ortsnamen gewöhnt. Hat sich mühevoll die korrekte Aussprache angeeignet. Und dann das: La Puebla heißt plötzlich ganz anders, nämlich Sa Pobla. Das eine ist spanisch. Oder besser: kastilisch. So hießen die Dörfer zwangsweise zur Zeit des Franco-Regimes, in der Diktatur auch Sprach-Diktatur bedeutete. Von der wollten sich die Mallorquiner nach dem Ende Francos befreien. Die neuen Ortsnamen sind nun eigentlich wieder die alten aus der Zeit davor. Und die waren alle in der Inselsprache *mallorquí*. El Arenal heißt offiziell S'Arenal. Das benutzt zwar kaum jemand, aber: Es steht so auf den Ortsschildern.

Noch verwirrender ist es mit dem beliebten Ferienort Cala Ratjada ganz im Osten der Insel. Cala Rat-ja-da an und für sich gibt es nämlich gar nicht. Strenggenommen. Weder im Spanischen noch auf *mallorquí*. Auf Spanisch wird der Ort anders ausgesprochen. Nicht »Rat-ja-da«, sondern »Rat-Dscha-da«. Noch komplizierter wird's auf Mallorquinisch. Da wird der Ort Cala Rajada geschrieben, aber so ausgesprochen wie im Spanischen. Sollte sich jemand also nach »Cala Rat-ja-da« erkundigen und die befragten Mallorquiner zucken mit den Schultern, ist das keine Unfreundlichkeit oder Ignoranz. Dann ist das entweder Sturheit, oder die Befragten verstehen tatsächlich nicht, welcher Ort gemeint ist.

Allen Menschen, die spanisch oder sogar *mallorquí* sprechen, läuft es bei der falschen Aussprache einer speziellen Vokabel unwillkürlich eiskalt den Rücken runter. Dieses ominöse Fremdwort ist: *Mallorca*. Obwohl es sich inzwischen herumgesprochen haben sollte, dass die Insel korrekt »Ma-jor-ka« heißt, hört man erstaunlich häufig »Mal-lor-ka«. Vereinzelt sogar »Mal-lor-za«.

Elfmal tausend Meter Berg: Mallorcas Thron im Nordwesten

Wie ein Schutzwall zieht sich das mächtigste Gebirge der Insel, die Serra de Tramuntana, an der Nordküste Mallorcas entlang. Die Berge verschonen die Insel vor dem kühlen Nordwind und halten einen Großteil der Regenwolken ab, die auf Mallorca zustürmen. Die Tramuntana ist also auch für das gute Wetter auf der Insel verantwortlich.

Das Gebirge verläuft 90 Kilometer an der Küste entlang – von Andratx bis ganz hinauf nach Pollença. An der breitesten Stelle misst die Tramuntana zwölf Kilometer, und sie birgt einen regelrechten Schatz an seltenen Pflanzen und Tieren. Für Urlauber ist die Tramuntana in erster Linie ein Paradies zum Wandern und Klettern. Elf Berge sind höher als 1000 Meter. Der höchste ist der Puig Major. Er ziert fast die Mitte des Gebirgszuges. Man kann ihn schon von weitem an seinem Hütchen gut erkennen. Dieses Hütchen ist eine Kuppel aus Fieberglas und beherbergt eine militärische Radarstation – deshalb ist die Spitze seit 1958 auch Sperrgebiet. Wer hier rauf möchte, muss sich vorher eine Genehmigung einholen.

In der Tramuntana liegen auch das Kloster Lluc, die Stauseen Cúber und Gorg Blau und mehr als 700 sprudelnde Naturquellen. Geologen haben mehr als 1000 Höhlen gezählt.

Mallorcas höchste Gipfel

Puig Major (1445 Meter)
Puig de Massanella (1365 Meter)
Tossals Verds (1115 Meter)
Puig de sa Rateta (1113 Meter)
Puig Tomir (1103 Meter)
Puig de l'Ofre (1093 Meter)
Serra d'Alfàbia (1068 Meter)
Puig des Teix (1064 Meter)
Puig de n'Alí (1035 Meter)
Puig de Galatzó (1027 Meter)
Puig Roig (1002 Meter)

Warum der höchste Berg einen Kopf kürzer gemacht wurde

Großes hatten die Mallorquiner mit dem Puig Major in den 1930er Jahren vor. Sie wollten ihn zum schönsten Aussichtspunkt der Insel machen und ließen vom italienischen Architekten Antonio Paretti, der auch die legendäre Serpentinenstraße nach Sa Calobra gebaut hatte, eine Seilbahn planen. Sogar die Fundamente der Talstation waren 1932 schon fertig. Man kann die Plattform noch heute sehen – exakt an Kilometer 2,2 von Parettis Straße nach Sa Calobra. Von der Talstation in 723 Metern Höhe sollte ein Seil einen Fahrkorb über eine Länge von genau 2016 Metern bis zum Gipfel bringen. 25 Passagiere je Gondel. Dann aber kam der spanische Bürgerkrieg, und vom großen Seilbahnprojekt blieb nur der Betonsockel übrig.

Nach dem Zweiten Weltkrieg zogen die Amerikaner auf den Puig Major. Die USA durften sich in Spanien als Gegenleistung für ihre Wirtschaftshilfe Stützpunkte für die Army aussuchen. Der höchste Punkt einer Insel mitten im Mittelmeer war ideal für eine Radaranlage. 1958 zog das *888. Aircraft Control and Warning Squadron* ein. Weil sie ihre Radaranlage nur auf einen horizontalen, geraden Sockel bauen konnten, sprengten die Amerikaner etliche Tonnen Fels und kürzten den Berg um fünf Meter. Die US-Army blieb nur sechs Jahre, anschließend übernahm das spanische Militär die Anlage. Hier befindet sich heute ein modernes Radargerät des Systems *Lanza 3D*. Mit ihm können angeblich das westliche Mittelmeer und Teile Nordafrikas überwacht werden. In der Anlage und im unteren Basislager samt Kaserne sind 90 spanische Soldaten stationiert.

Endemisch. So nennen Botaniker und Biologen jene Pflanzen und Tiere, die es nur an einem Ort auf der Welt gibt. Die Tramuntana ist eine Art Insel auf einer Insel und beherbergt rund 65 endemische Pflanzen. Unter ihnen sind neun Arten Farnkraut und zehn Orchideen die Stars. Sie sind Weltrekordhalter: Solch eine Vielfalt findet man nämlich nirgendwo sonst. Seit 2012 ist die Serra de Tramuntana deshalb in der Kategorie Kulturlandschaft als Welterbe der UNESCO geschützt. Auch 29 Tierarten auf Mallorca sind einzigartig. Viele davon sind Schnecken und kleine Wirbeltiere, für die sich in erster Linie Forscher interessieren. Aber es gibt auch sehr stattliche Exemplare aus der Tierwelt, die sich Mallorca als exklusives Zuhause ausgesucht haben.

Mönchsgeier *(Aegypius monachus)* – Der größte Raubvogel Europas wird bis zu einen Meter groß und wiegt dann zwischen sieben und zwölf Kilo. Wie fliegende Riesen sehen die Geier aus, wenn man sie am Himmel entdeckt. Ihre Flügel können eine Spannweite von bis zu drei Metern erreichen. Etwa 50 Exemplare leben im nördlichen Teil der Tramuntana. Die Aasfresser ernähren sich hauptsächlich von toten Schafen und Ziegen. Der mallorquinische Umweltverband GOB sammelt Jungtiere ein, um sie in

Frankreich und auf dem spanischen Festland anzusiedeln und dort neue Populationen zu gründen.

Mallorca-Geburtshelferkröte *(Alytes muletensis)* – Totgesagte leben länger. Dafür ist die Mallorca-Geburtshelferkröte der Beweis. Erst seit 1978 weiß man überhaupt, wie das Tier aussieht. Damals wurde in der Höhle *Es Muleta* bei Sóller ein versteinertes Exemplar gefunden, ein Fossil. Die Höhle stand Pate für die Namensgebung, aber die Diagnose der Wissenschaftler war auch eindeutig: Diese Krötenart ist bereits vor Jahrtausenden ausgestorben. Nur vier Jahre nach dem Fund entdeckte man den Beweis für das Gegenteil – ein lebendiges Exemplar. Die Mallorca-Geburtshelferkröte ist winzig – vier Zentimeter lang und fünf Gramm schwer – und lebt in schwer zugänglichen Flussbetten von Sturzbächen. Die wiederum sind in der Tramuntana meist von senkrechten Steilwänden umgeben und kaum zu erreichen. Heute gilt die Kröte als seltenste Amphibie Europas. Ihr katalanischer Name ist *Ferreret*. Sie gibt nämlich Laute von sich wie ein Hammer, der auf einen Amboss schlägt. Und Amboss heißt auf Katalanisch *ferrer*.

Balearen-Sturmtaucher *(Puffinus mauretanicus)* – Auch dieser exklusive Bewohner ist ziemlich groß. Wenn er aufrecht steht, erreicht er fast einen halben Meter, und wenn er seine Flügel ausstreckt, kommen sie auf 90 Zentimeter. Auch das Gewicht von etwa einem halben Kilo ist für einen Vogel außergewöhnlich. Der Taucher hat seinen Namen aus gutem Grund: Er stößt bis zu 40 Meter tief ins Meer, wenn er Fische fängt. Und er kann noch etwas ganz Besonderes: Er filtert Meerwasser und scheidet das Salz aus der Nase aus. Auf Mallorca brüten nur noch zwischen 350 und 550 Paaren, noch weniger sind es auf den restlichen Balearen-Inseln.

Langschwänziger Grassänger *(Sylvia sarda balearica)* – Ein kleiner Vogel, noch kleiner als sein nächster Verwandter, der auch für den biologischen Mittelnamen verantwortlich und auf Sardinien und Korsika heimisch ist. Der Grassänger fällt durch schnelles Geschnatter auf, legt 3–5 Eier pro Saison und verbringt seinen Winterurlaub in Nordafrika.

Meer und Strand

Strände, Buchten, Felsenküste

554 Kilometer. So lang ist Mallorcas Küstenlinie. Das ist eine enorme Strecke. Von Zürich bis nach Köln. Von Salzburg nach Frankfurt am Main. Hier liegt das wertvollste Kapital der Insel: Badestrände, Buchten, steile Felsenküsten. Viele Besucher kommen auch, um durch die Bergwelt zu wandern oder die Insel per Fahrrad zu erkunden, aber der überwiegende Teil der Urlauber sucht Meer und Sonne. Ohne Strände, da sind sich alle einig, hätte Mallorca niemals einen solchen Boom erlebt.

Dabei galten noch vor weniger als 100 Jahren alle Grundstücke in Meeresnähe als wertlos. Kaum jemand ging damals zum Baden oder Schwimmen ins Meer. Das Meer war zum Fischen da – und war sonst zu nichts zu gebrauchen, glaubte man. Der einzige Küstenstreifen mit Wert war der bei Ses Salines wegen des Salzabbaus. Pech hatte in mallorquinischen Familien immer der letztgeborene Sohn. Der erbte das Grundstück am Meer.

Heute stehen allein an der Platja de Palma Hotels mit rund 40 000 Betten. Wo immer es geographisch möglich ist, werden Strände erschlossen – und sei es nur mit einfachen Feldwegen, die zu kleinen Buchten führen.

Wasser

Das Meer um Mallorca herum ist besonders klar und gilt als sauberstes im gesamten Mittelmeer. Das hat zwei Gründe: Auf der Insel gibt es so gut wie keine Industrie, die ihr Schmutzwasser ableiten müsste. Und die Flüsse fehlen, die ansonsten Schwebstoffe ins Meer spülen würden. Ohne Schwebstoffe gedeihen aber auch Algen- und andere Wasserpflanzen schlecht. Und das führt dazu, dass die Sonne nicht von Plankton im Wasser aufgehalten wird und bis in größere Tiefen strahlen kann als anderswo.

Wie gut Mallorcas Badeküste wirklich ist, zeigen die Blauen Flaggen für vorbildliche Strände. An 43 *platjas* wehte 2014 die Blaue Flagge, das sind acht Flaggen mehr als noch im Jahr davor. Die Flaggen werden von der spanischen Vereinigung für Umwelt- und Verbraucherschutz und von der Stiftung Umwelterziehung vergeben. Für das Gütesiegel ist die Wasserqualität entscheidend, aber auch Sauberkeit, Umweltmanagement und Sicherheit spielen eine Rolle. Der Titel wird nur für ein Jahr vergeben, alle zwölf Monate wird neu getestet.

Strände in Zahlen

208 Badestrände insgesamt
50 Länge aller Badestrände in km
159 Sandstrände
21 Felsenstrände
15 Kieselsteinstrände
13 Kiesstrände

Wie kommt der Sand zum Strand?

An vielen Stränden dieser Welt bringen Flüsse einen Teil des Sandes an den Strand. Darauf kann Mallorca nicht hoffen. Als flusslose Insel muss sie sich allein darauf verlassen, dass das Meer den Sand anspült. Ganz feine Staubteilchen im Wasser verschwinden irgendwann am Meeresgrund, die etwas größeren, ab exakt 0,063 Millimeter Durchmesser, werden an Land gespült. Dabei gilt die Faustregel: Je steiler der Meeresboden abfällt, desto gröber der Sand. Auf Mallorca sieht man das besonders gut am beliebten Strand Es Trenc. Man kann dort ewig weit ins Meer hinausgehen – und noch immer ist die Badehose trocken. Der Sand von Es Trenc ist deshalb so fein, dass er fast an Puderzucker erinnert. Mallorcas Strände sind immer in Bewegung. Je nach Wind oder Wellen wird ein Strand breiter, tiefer, größer – oder umgekehrt. Strände wachsen und schrumpfen.

Anfang der neunziger Jahre wurde die Platja de Palma durch künstliche Aufschüttungen auf rund 509 Meter verbreitert. Das war damals eine reine Schönheitsmaßnahme, bei der kaum jemand Bedenken geäußert hatte. Im Herbst 2001 trug ein verheerender Sturm die riesigen Strände von Can Picafort, Cala Millor und weitere an der Ost- und Nordostküste bis auf einen schmalen Sandstreifen fast vollständig ab. Unzählige Tonnen Sand verschwanden im Meer. Die kommende Saison drohte für die Urlaubsorte zur Katastrophe zu werden. Das spanische Umweltministerium ordnete daraufhin gegen den erbitterten Widerstand der Inselregierung und der Umweltschützer die Aufschüttung der Strände an. Vor der Küste Cala Millors wurden 8000 Tonnen Sand aus dem tieferen Meeresboden gebaggert, mit großen Schiffen zum Strand gebracht und dort mit Hochdruck abgepumpt. Riesige Bulldozer walzten den Sand platt. Als das nicht ausreichte, ließ die Regierung vor der Küste von Banyalbufar weitere 6000 Tonnen abtragen, um sie zum Vorzeigestrand von Sant Llorenç zu transportieren.

Der Europäische Gerichtshof verdonnerte die Balearen wegen dieser Sandaufschüttung zu einer Millionenstrafe. Mit dem Ausbaggern der Sandbänke am Meeresgrund habe man in ein funktionierendes

Ökosystem eingegriffen und es zum Großteil zerstört. Heute ist so etwas nicht mehr möglich. Ein eigenes Amt für Küstenschutz, das dem spanischen Umweltministerium untersteht, wacht jetzt darüber, dass an Mallorcas Stränden alles mit ökologischen Dingen zugeht. 20 000 *pantallas* schützen die wertvollen Sandstrände. Das sind Matten, die den Sand auffangen, bevor er abgetragen werden kann. Beschädigte Dünen werden repariert und für Badegäste gesperrt, damit der Strand sich regenerieren kann.

Strände mit Blauen Flaggen (Stand 2014)

Palma de Mallorca: Can Pere Antoni, Ciutat Jardí, Cala Estància, Platja de Palma (S'Arenal)

Calvià: Oratori, Es Carregador, Palmanova, Son Matias, Cala Vinyes, Ses Penyes Rotges, Santa Ponça, Romana, Torà, Palmira

Pollença: Cala Molins, Cala Barques, Platja Formentor, Platja dels Tamarells

Andratx: Sant Elm, Camp de Mar

Alcúdia: Platja Port de Alcúdia

Muro: Platja de Muro

Santa Margalida: Can Picafort, Son Bauló

Capdepera: Cala Agulla, Canyamel, Cala Mesquida

Son Servera: Cala Millor-Son Servera, Es Ribell

Sant Llorenç des Cardassar: Cala Millor, Sa Coma

Felanitx: Cala Marçal, Cala Ferrera, Platja S' Arenal (de Portocolom), Cala Sa Nau

Manacor: Cala Angulla, Cala Antena, Cala Mendia, Cala Es
  Domingos Grans i Petits
Ses Salines: Es Dolç (Es Port)
Santanyí: Cala Gran, Cala Mondragó (Sa Font de n'Alís), Cala
  Santanyí

Sandraub in der Badehose

Professor Jaume Servera, Geograph der Universität
der Balearen, schickte im Sommer 2003 zwei Monate
lang Frau und Kinder an den Strand – aus rein wissenschaftlichen Gründen. Tagtäglich untersuchte er
genau Badehosen, Bikini, Badeschlappen und Handtücher vom Strand. Er wog exakt die Sandmenge ab,
die aus den Utensilien rieselte. Was der ambitio-
nierte Forscher im Familienselbstversuch rausfand:
30 Gramm Sand schleppt jeder Besucher vom Strand
weg. An jedem einzelnen Tag.

Das bedeutet hochgerechnet: In der Hochsaison
verliert der Strand Es Trenc Tag für Tag mit 7000 Besuchern 210 Kilogramm Sand. In einer Saison, die
in der Regel 90 Tage dauert, muss das Ökosystem
am Es Trenc also den Verlust von 19 Tonnen Sand
verkraften. An der Platja de Palma sind die Sandver-
luste aufgrund der Urlaubermassen deutlich größer. Von Anfang Juni bis Ende August, wenn täglich
rund 30 000 Besucher dort sonnenbaden, werden
fast 82 Tonnen Sand weggeschleppt.

Im Durchschnitt hat jeder einzelne Strand auch wegen der Sandverschleppung der Badebesucher in den vergangenen dreißig Jahren zwischen 10 und 15 Metern eingebüßt. Umso wichtiger ist es, dass das Seegras im Wasser erhalten bleibt, sagen die Wissenschaftler. Das Poseidongras, das von den Winterstürmen aus dem Meer losgerissen wird und dann meterhoch an den Stränden liegt, darf im Frühjahr erst dann weggebaggert werden, wenn der Küstenschutz den Startschuss dafür gibt. Dieses algenähnliche Gras schützt den Sand der Strände vor dem Meer. Es sorgt aber nicht nur dafür, dass weniger Sand ins Meer abgetragen wird. Durch das Gras bildet sich auch neuer Sand an den Stränden. Allerdings geschieht das alles nur sehr langsam. Ein Quadratmeter *Posidonia* im Wasser bringt täglich 100 Gramm neuen Sand an den Strand. Um den Sandverlust durch einen einzigen Urlauber am Tag auszugleichen, sind also drei Quadratmeter Seegras notwendig.

Industrie- und Fährhäfen

Das Meer dient nicht nur badenden Touristen: An den zwei wichtigsten Häfen der Insel wird auch ordentlich geschuftet.

Der Hafen von Palma in Zahlen (Stand 2013)

7 387 381 **Tonnen** gelöschte Fracht

6 157 177 **Tonnen** Fracht über Fähr- und Linienschiffe

979 267 **Tonnen** flüssige Ladung per Frachtschiff

250 937 **Tonnen** feste Ladung per Frachtschiff

54 122 gelöschte Container

483 Kreuzfahrtschiffe, davon:

170 Start und Ziel Palma

313 Transit-Stopps

1 245 856 Kreuzfahrt-Passagiere

807 632 Passagiere der Linienfähren

Der Hafen von Alcúdia in Zahlen (Stand 2013)

1 247 597 **Tonnen** gelöschte Fracht insgesamt

268 819 **Tonnen** Fracht über Fähr- und Linienschiffe

46 127 **Tonnen** flüssige Ladung per Frachtschiff

932 651 **Tonnen** feste Ladung per Frachtschiff

452 gelöschte Container

2 Kreuzfahrtschiffe, davon:

0 Start und Ziel Alcúdia

2 Transit-Stopps

1025 Kreuzfahrt-Passagiere

162 775 Passagiere der Linienfähren

Politik und Gesellschaft

Die kleine und die große Regierung

Die Balearen sind heute eine autonome Gemeinschaft Spaniens, vergleichbar mit einem Bundesland in Deutschland oder Österreich oder mit einem Kanton in der Schweiz. Die »Autonome Gemeinschaft der Balearen und Pityusen« umfasst neben Mallorca, Menorca, Ibiza und Formentera auch 147 unbewohnte Inseln. Sie ergeben zusammen eine Landfläche von 4992 Quadratkilometern, doppelt so groß wie das Saarland, zwölfmal so groß wie Wien. 1 111 674 Menschen leben hier (Stand Ende 2013).

Hauptstadt und Sitz von Parlament, Präsident sowie Regierung *(Govern)* ist Palma de Mallorca. Einschließlich der Staatskanzlei gibt es acht Ministerien. Der Präsident wird vom Parlament gewählt und dann vom spanischen König ernannt. Bis auf zwei Wahlperioden durfte immer die konservative Partido Popular PP den mächtigsten Mann der Inseln stellen.

Daneben regiert auf jeder der vier bewohnten Inseln jeweils ein Inselrat, ein *Consell Insular*. Er wird ebenfalls vom Volk gewählt und kümmert sich vor allem um bauliche Fragen. Dazu zählen der Bau von Straßen und die Erteilung von Baugenehmigungen für Häuser. Der Inselrat Mallorcas ist aber auch für Jugendschutz, Müllentsorgung und Altenheime zuständig. Er betreibt in Palma, Manacor und Inca auch die drei Prüfzentren des ITV. Das ist der spanische TÜV.

Die Präsidenten der Balearen

Gabriel Cañellas – 1983–1995 – PP
Cristòfol Soler – 1995–1996 – PP
Jaume Matas – 1996–1999 – PP
Francesc Antich – 1999–2003 – PSOE
Jaume Matas – 2003–2007 – PP
Francesc Antich – 2007 – 2011 – PSOE
José Ramón Bauzá – seit 2011 – PP

(PP = Konservative Volkspartei, PSOE = Sozialistische Partei)

Politiker in Haft

Nach einer Welle von Korruptionsermittlungen sind seit 2006 reihenweise mallorquinische Politiker zu Haftstrafen verurteilt worden. Insgesamt – so der Stand im Sommer 2014 – kommen 163 Jahre Haft für die ehemalige Polit-Elite der Insel zusammen. Das hat die Zeitung »Ultima Hora« ausgerechnet. Der Balearen-Regierung bescherten die Korruptionsfahnder einen wahren Geldsegen. Seit Beginn der Ermittlungen spülten die Verfahren rund 50 Millionen

Euro in die Staatskasse – Geld aus dem Verkauf beschlagnahmter Yachten, Luxusautos und Immobilien sowie konkrete Strafzahlungen.

Jaume Matas – Der Politiker der konservativen Partido Popular PP war acht Jahre lang Präsident der Balearen und drei Jahre spanischer Umweltminister. Er trat im Juli 2014 seine Haftstrafe im Gefängnis von Segovia an, etwa neunzig Kilometer von Madrid entfernt. Vorgeworfen werden ihm Verschwendung öffentlicher Mittel, Amtsmissbrauch und Bestechlichkeit in zahlreichen Fällen. Das könnte zu einer Gesamtstrafe von insgesamt 64 Jahren führen. Er durfte erst gegen Zahlung einer Kaution von drei Millionen Euro auf freiem Fuß bleiben – die höchste Kautionssumme der spanischen Geschichte. Bei den Korruptionsvorwürfen gegen den konservativen Spitzenpolitiker geht es in erster Linie um den Bau der *Palma Arena*, einer Sporthalle mit Radrennbahn. Der Bau kostete 120 Millionen Euro statt der veranschlagten 48 Millionen. Es sollen siebenstellige Bestechungsgelder geflossen sein, Rechnungen wurden gefälscht, Genehmigungen und Ausschreibungen erkauft. Matas wurde in einem ersten Verfahren zu sechs Jahren Haft verurteilt, die dann in der nächsten Instanz auf neun Monate verkürzt wurden. Da noch zahlreiche weitere Verfahren ausstehen, lehnte die spanische Regierung das Gnadengesuch Matas' ab.

Auch Iñaki Urdangarin, mit Cristina, der Schwester von König Felipe verheiratet, ist mutmaßlich in die Affäre um die *Palma Arena* verwickelt. Seit klar ist, dass auch ihm eine Anklage droht, wurde er von der Website des spanischen Königshauses gelöscht.

Maria Antònia Munar – Die einst mächtigste Frau ganz Mallorcas wurde im Sommer 2013 unter anderem wegen Unterschlagung zu elfeinhalb Jahren Haft verurteilt. Munar, die erst Präsidentin des Inselrates von Mallorca und später Parlaments-Präsidentin der Balearen war, konnte jahrzehntelang ohne juristische Konsequenzen schalten und walten. Sie sitzt ihre Strafe im Gefängnis in Palma ab und hofft auf eine vorzeitige Entlassung. Ihre Partei, die *Unió Mallorquina* UM, löste sich nach der Verurteilungswelle auf, weil auch weiteres politisches Personal in Richtung Gefängniszelle wanderte. Munars Vize Miquel Nadal beispielsweise, der ehemalige Tourismusminister der Balearen, musste für vier Jahre hinter Gitter.

Josep Cardona – Die höchste Strafe kassierte der frühere Wirtschaftsminister Josep Cardona von der PP. Er wurde im Juli 2013 zu 16 Jahren Freiheitsentzug verurteilt und musste wegen Fluchtgefahr die Haftstrafe sofort antreten. Sein Ministerium soll unzulässigerweise Millionengelder an Firmen überwiesen haben. Alle Rechnungen waren fingiert, niemals wurden die dazu passenden Arbeiten ausgeführt. Der Minister selbst soll dafür Millionen an Schmiergeld kassiert haben.

Javier Rodrigo de Santos – Der frühere PP-Stadtrat in Palma bezahlte Bordellrechnungen mit der offiziellen Kreditkarte der Stadt und verschleuderte so rund 50 000 Euro.

Antònia Ordinas – Die einstige Geschäftsführerin der Behörde für Außenhandelsförderung vergrub Bestechungsgelder in ihrem Garten. Die Polizei fand 360 000 Euro Bargeld und belastende Unterlagen in Kakaodosen der Marke *Cola Cao* in der Erde hinter ihrem Wohnhaus. *Cola Cao* ist auf Mallorca inzwischen zum Synonym für Korruption geworden.

Wer ist wirklich der König von Mallorca?

Diese Frage ist nicht wirklich schwierig zu beantworten. Mallorca ist ein Teil des Königreichs Spanien – und damit ist der spanische König auch der von Mallorca. Seit dem 19. Juni 2014 ist dies Felipe Juan Pablo Alfonso de Todos los Santos de Borbón y Grecia. Das ist sein offizieller Name. König Felipe VI. ist ausgesprochener Mallorca-Fan. Seit seiner Kindheit verbringt er die Sommerferien auf der Insel. Diese Tradition setzt er mit seiner Familie fort. Jeden August weht die königliche Flagge auf dem *Marivent*-Palast in Palma. Das ist das Zeichen dafür, dass der König auf der Insel ist. Der Palast ist offizielle Sommerresidenz des spanischen Königshauses. Er liegt auf einem Felsen in der Cala Mayor bei Palma und hat einen direkten Zugang zum Meer. König Felipe und Königin Laetizia besuchen dann mit den Kindern gerne Museen oder bummeln einfach durch die Fußgängerzone Palmas – immer umringt und strengstens bewacht von Sicherheitsleuten und Soldaten. An einem Tag in jedem Sommerurlaub wird Palma für einige Stunden zum Mittelpunkt der spanischen Politik. Immer dann, wenn Spaniens Ministerpräsident extra nach Mallorca fliegt, um den König über die aktuelle politische Lage zu informieren.

Einen wirklichen »König von Mallorca«, der die Insel tatsächlich regiert hat, gab es auch schon. Schließlich gab es auch ein »Königreich Mallorca« (1229 bis 1715), zu dem neben den Balearen auch zwei Grafschaften in Katalonien und die Stadt Montpellier gehörten. König Jakob, der Eroberer, befreite die Insel von den Mauren. Sein Sohn löste sich vom Königshaus Aragón und rief das unabhängige Königreich Mallorca aus. Anfangs war Sineu in der Inselmitte Hauptstadt, zwischendurch Perpignan, dann lief es doch wieder auf Palma hinaus. Während der Zeit als Königreich erlebte Mallorca eine wahre wirtschaftliche Blüte. Peter III. von Aragón, ein Cousin des letzten mallorquinischen Königs Jakob III., holte die Balearen 1344 wieder ins heimische Königreich zurück. Jakob verkaufte daraufhin Montpellier an Frankreich und versuchte mit dem Geld, sich Mallorca wieder einzuverleiben. Er fiel 1349 in der Schlacht von Llucmajor.

Mallorcas Könige

Jakob I., der Eroberer *(Jaume el Conqueridor):* 1231–1276
Jakob II. *(Jaume II.):* 1276–1311
Sancho, der Friedliche *(Sanç el Pacific):* 1311–1324
Jakob, der Kühne *(Jaume el Temerari):* 1324–1344

Als der König auf Mallorca Weltpolitik machte

Der *Marivent*-Palast ist eigentlich nicht für offizielle Empfänge vorgesehen. Im Juli 2008 stand er jedoch tatsächlich im Mittelpunkt des Weltinteresses. König Juan Carlos hatte im November des Vorjahres beim Iberoamerikanischen Gipfel in Chile Hugo Chávez, den damaligen Präsidenten Venezuelas, mit den Worten: »*¿Por qué no te callas?*« angepflaumt. Auf Deutsch heißt das: »Warum hältst du nicht einfach mal deine Klappe!?«, was zu einer diplomatischen Eiszeit zwischen Spanien und Venezuela führte. Das Originalzitat des Königs wurde kurzzeitig zu einem der beliebtesten Klingeltöne auf spanischen Handys. Versöhnt haben sich die beiden Hitzköpfe bei einem Treffen im *Marivent*-Palast. Eine Stunde lang redeten sie dort miteinander, lächelten anschließend in die Fernsehkameras und umarmten sich. Chávez lobte, dass Mallorca fast so schön sei wie die Karibik, und der König besiegelte das Ende des Streits mit der Frage: »Warum gehen wir nicht mal zusammen an den Strand?«

Flagge: Mehr Katalonien als Spanien

Mallorca gehört zu Spanien, aber viele Mallorquiner fühlen sich eher wie Katalanen. Das zeigt sich auch in ihrer Flagge. Fünf rote, schmale Querstreifen auf gelber Grundlage. Das ist exakt die *Senyera*, die Flagge Kataloniens. Das mallorquinische Exemplar wird durch einen violetten Balken auf der linken Seite ergänzt, auf dem die Silhouette der *Almudaina* zu sehen ist, des Königspalastes von Palma. Viele Mallorquiner erzählen gerne, dass die *Senyera* die älteste Flagge der Welt sei – aus dem 9. Jahrhundert. Ob das stimmt, weiß man nicht. Erste verbürgte Hinweise auf die *Senyera* stammen aus dem Jahr 1159.

Sancho der Friedliche hatte den Mallorquinern bereits 1312 ihre Version mit dem violetten Balken als Handelsflagge gestattet. Damit kann sich höchstens die Flagge Österreichs messen, die aus dem 13. Jahr-

hundert stammt. Die Schweizerfahne mit dem weißen Kreuz hat sich erst im 19. Jahrhundert durchgesetzt, die deutsche Bundesflagge gibt es erst seit 1949.
Das war allerdings die Zeit, in der sich die Mallorquiner kurzzeitig von ihrer Flagge verabschieden mussten. Unter der Franco-Diktatur galten regionale Flaggen als Symbole von Separatisten und waren in ganz
Spanien verboten. Erst am 1. März 1983 wurde sie
wieder offiziell eingeführt – dem Tag, an dem die Balearen autonome Provinz Spaniens wurden.

Hymne

Ganz klar: Wer eine eigene Flagge besitzt, der braucht
auch eine Hymne. Mallorca – kein eigener Staat,
noch nicht mal autonome Region – gönnt sich eine
Art Insel-Hymne. Sie heißt *La Balanguera*. 1996
wurde dieses alte Lied offiziell zur Hymne erklärt.

Der Dichter Joan Alcover i Maspons hat den Text
in den Jahren 1902 und 1903 geschrieben. In Gedicht-
form lobt er die *Balanguera*, eine mallorquinische
Frauenfigur. Gleichzeitig wird auch ein alter Volks-
tanz *Balanguera* genannt, den man auch aus Katalonien und Valencia kennt. Der katalanische Komponist Amadeu Vives schrieb 1926 die Musik zum
Gedicht.

Wie alles, was auch nur irgendwie dem spanischen

Zentralstaat zuwiderlaufen könnte, war die *Balanguera* während der Franco-Diktatur verboten. Das Lied durfte nicht aufgeführt oder im Radio gespielt werden. Auch Tonträger durfte man nicht besitzen. Maria del Mar Bonet produzierte die *Balanguera* nach Francos Tod neu und veröffentlichte sie auf einer Langspielplatte.

Als die rot-grüne Inselregierung die *Balanguera* zur Hymne Mallorcas erklärte, schickte sie allen EU-Staaten Noten, Text und eine CD mit der Version von Maria del Mar Bonet zu. Im Anschreiben wünschte sich der damalige Ministerpräsident Francesc Antich Oliver, dass bei offiziellen Anlässen im Zusammenhang mit der Insel die *Balanguera* statt der spanischen Nationalhymne gespielt wird. Ob das auch nur ein einziges Mal geschehen ist, ist nicht überliefert.

Mallorcas Hymne hat gegenüber der offiziellen spanischen Nationalhymne einen ganz entscheidenden Vorteil. Man kann sie mitsingen. Die *Marcha Real* hat nämlich keinen Text. Die *Balanguera* wird ab und zu bei offiziellen Anlässen der Inselregierung gespielt, beispielsweise zum Nationalfeiertag der Balearen am 1. März. Arachnophobisch sollte man aber besser nicht sein, wenn man ganz genau hinhört.

La Balanguera

La Balanguera misteriosa,
com una aranya d'art subtil,
buida que buida sa filosa,
de nostra vida treu lo fil.
Com una parca bé cavilla
teixint la tela per demà
La Balanguera fila, fila,
la Balanguera filarà.

Girant l'ullada cap enrera
guaita les ombres de l'avior,
i de la nova primavera
sap on s'amaga la llavor.
Sap que la soca més s'enfila
com més endins pot arrelar
La Balanguera fila, fila,
la Balanguera filarà.

De tradicions i d'esperances
tix la senyera pel jovent
com qui fa un vel de noviances
amb cabelleres d'or i argent
de la infantesa qui s'enfila
de la vellura qui se'n va.
La Balanguera fila, fila,
la Balanguera filarà.

Die Balanguera

Die geheimnisvolle Balanguera leert,
ja, leert ihren Spinnrocken wie eine Spinne
in höchster Kunst zieht sie den Faden unseres Lebens.
Wie eine Parze, die wohlbedacht
den Stoff für das Morgen spinnt
spinnt die Balanguera, spinnt,
wird die Balanguera immerdar spinnen.

Den Blick nach hinten gerichtet
erspäht sie die Schatten der Herkunft.
Und sie weiß, wo sich der Keim
des neuen Frühlings versteckt.
Sie weiß, dass der Baumstamm umso höher strebt,
je tiefer seine Wurzeln reichen können.
Die Balanguera spinnt unablässig.
Immerdar wird die Balanguera spinnen.

Aus Traditionen und Hoffnungen
webt sie die Flagge der Jugend –
wie jemand, der aus Fäden von Gold und Silber
einen Hochzeitsschleier macht.
Aus der Kindheit, die sich ins Leben einreiht,
aus dem Alter, das es verlässt
spinnt die Balanguera, spinnt,
wird die Balanguera immerdar spinnen.

Frei für alle: gesetzliche Feiertage

Zwölf Feiertage sind gesetzlich festgelegt. Teilweise gelten sie in ganz Spanien, einzelne gibt es nur auf den Balearen. Dazu kommen im Schnitt zwei zusätzliche Feiertage, die nur in einzelnen Ortschaften gelten. Einmal im Jahr ist dies in jedem Ort die Fiesta für den Schutzheiligen. Nicht immer bedeutet Feiertag allerdings auch, dass dann alle Geschäfte geschlossen sind. Manchmal haben die Geschäfte in Palma an einem solchen Tag zu, die auf dem Land allerdings nicht oder umgekehrt. In einigen Fällen sind nur die Shops in der Innenstadt geschlossen, und an der Peripherie kann man munter den Großeinkauf in den Supermärkten erledigen. Eine feste Regel ist nicht erkennbar. In den touristischen Zonen kann man sich darauf einstellen, dass die meisten Läden während der Saison an sieben Tagen in der Woche geöffnet haben.

Neujahr: 1. Januar
Dreikönigstag: 6. Januar
Tag der Balearen: 1. März
Gründonnerstag: unterschiedlich
Karfreitag: unterschiedlich
Tag der Arbeit: 1. Mai
Mariä Himmelfahrt: 15. August
Allerheiligen: 1. November

Tag der Verfassung: 6. Dezember
Mariä Empfängnis: 8. Dezember
Weihnachten: 25. und 26. Dezember

Von hüben und drüben:
Hier kommen die Mallorquiner her

Die allerersten Mallorquiner waren Höhlenbewohner, die um 400 vor Christus vom europäischen Festland und aus Afrika kamen. Das belegen Spuren in einer Höhle bei Sóller. Erst rund 2000 Jahre später soll es die ersten Siedlungen gegeben haben. Gegen 1400 vor Christus erfreute sich die Insel regelrechter Beliebtheit bei Seefahrern aus dem gesamten Mittelmeerraum. Viele wurden auf der Insel sesshaft und bauten die ersten großen Steinhäuser, die man heute *talaiot* nennt, und deren Überreste an zahlreichen Stellen auf Mallorca besichtigt werden können.

Der Großteil der direkten Vorfahren heutiger Mallorquiner waren eigentlich Lückenbüßer. Nach der Reconquista, der Zurückeroberung der Insel durch die Christen, war ein Großteil der Mauren geflüchtet. Gute Katholiken vom Festland sollten auf der Insel angesiedelt werden und dafür sorgen, dass der christliche Glaube auch wirklich gelebt wird. Die meisten stammen von der Küste bei Girona, der heutigen Costa Brava. Zehntausende wurden zwischen dem

13. und 15. Jahrhundert angesiedelt. Deshalb sind etwa achtzig Prozent der mallorquinischen Nachnamen katalanischer Herkunft. Ein kleiner Teil stammt von Arabern und Juden ab, von jenen Familien also, die trotz der Rückeroberung Mallorcas auf der Insel blieben. Im 18. und 19. Jahrhundert gab es weitere kleine Einwanderungswellen. Damals kamen Mitteleuropäer und Iren in den Süden. Eine große Welle erlebte Mallorca dann noch einmal vor nicht allzu langer Zeit, nämlich Mitte des vorigen Jahrhunderts. Zwischen 1950 und 1970 zogen rund 100 000 Spanier vom Festland zu.

Sag mir, wie du heißt ...
Die häufigsten Namen

In Manacor heißen auffällig viele Familien Riera, Nadal oder Galmés. In Felanitx gibt es ausgesprochen viele Menschen, die Oliver oder Obrador heißen. Und in Sa Pobla fällt auf, dass an extrem vielen Briefkästen die Namen Serra und Crespì stehen. All das sind typische mallorquinische Nachnamen. Das Gleiche gilt für Coll in Lloseta oder für Sastre in Selva.

Noch bis in die fünfziger Jahre hinein war es absolut ungewöhnlich, jemanden zu heiraten, der nicht aus dem eigenen Dorf stammte. Mit jemandem eine

Familie zu gründen, der gar nicht von der Insel kommt, war zumindest auf dem Land ein Ding der Unmöglichkeit. Häufig wurde auch vor Familienmitgliedern nicht haltgemacht. Deshalb treten in den Dörfern bestimmte Nachnamen besonders häufig auf. In Palma oder Alcúdia etwa, wo seit jeher durch die Häfen immer wieder neue Gäste und Einwohner auf die Insel kamen, findet man diese Häufung nicht.

Inzwischen sind mallorquinische Nachnamen sogar in der Minderzahl. Der häufigste Nachname war im Jahr 2012 García. 18 000 Mallorquiner tragen diesen typischen Namen vom Festland. Es folgen Martínez, Fernández, López, Sánchez, Rodríguez und González. Auch das sind klassische spanische Namen. Erst auf Rang acht landet ein mallorquinischer Nachname: Pons. Gut 9000 Menschen tragen ihn auf der Insel.

Die beliebtesten Vornamen 2004–2014

Jungen	Mädchen
Marc	María
Alejandro	Paula
Joan	Lucía
Daniel	Marta
Adrián	Laura
Pau	Marina
David	Aina

Carlos   Nuria
Jaume   Alba
Miquel   Sara

Umzingelt von Wasser und dem Rest der Welt: Mallorquiner und die, die es nicht sind

Da kann selbst Berlin nicht mithalten. Die deutsche Hauptstadt meldet einen Ausländer-Anteil von 14,5 Prozent. Mallorquiner können darüber nur müde lächeln und setzen locker noch einen drauf. Mindestens 24,6 Prozent der Einwohner sind eingewandert, die meisten aus Deutschland, Großbritannien und Marokko. Und das sind nur die offiziellen Zahlen derjenigen, die sich tatsächlich in den Rathäusern von Palma, Andratx oder anderswo angemeldet haben.

Das tun längst nicht alle. Deutsche und britische Rentner etwa behalten oft ihren deutschen Wohnsitz, damit sie ihre heimische Krankenkasse nicht verlassen müssen. Viele Einwanderer aus Afrika und Südamerika sind illegal auf der Insel. Sie werden zwar geduldet, müssen aber damit rechnen, dass sie abgeschoben werden.

Offiziell waren im Jahr 2013 exakt 30 049 Deutsche auf den Balearen gemeldet. Im Jahr zuvor lag die Zahl noch bei mehr als 36 000. Dennoch ist niemandem eine Massenrückwanderung aufgefallen. Viele deutsche Residenten sind in ihrer alten Heimat angemeldet, auch wenn sie nach wie vor die meiste Zeit des Jahres in ihrer Finca in Artá oder Santanyí verbringen. Pere Salvà ist Geograph an der Balearen-Universität in Palma und schätzt, dass rund 70 000 Deutsche tatsächlich auf Mallorca leben. Er zählt dazu alle, die mehr als drei Monate pro Jahr auf der Insel verbringen. Die kommen bei einem Sommer, der von Mai bis November dauern kann, schnell zusammen.

Wenn man davon ausgeht, dass die Dunkelziffer bei den Marokkanern (24 696 offiziell gemeldet) und Briten (23 808) ähnlich hoch ist, dann ist eine Ausländerquote von 24 Prozent so weit von der Realität entfernt wie Palma von Madrid. Und zwischen diesen beiden Städten liegen Welten. Das würde zumindest jeder Mallorquiner bestätigen.

Ausländer auf den Balearen und ihre Herkunft

Einwohner gesamt: 1 111 674

Europa: 118 766
Südamerika: 45 581
Mittelamerika: 5026
Nordamerika: 1605
Afrika: 36 675
Asien: 10 409

Ausländer und richtige Fremde:
Der feine Unterschied

Extranjeros werden Deutsche oder Briten genannt, die sich auf der Insel niedergelassen haben. Das heißt »Ausländer«. Damit das auch gleich jeder sehen kann, trägt die *Residencia*, eine Mischung aus Personalausweis und Aufenthaltsgenehmigung, immer ein »X« vor der Ausweisnummer. Das ist natürlich auch im Rest Spaniens nicht anders und eigentlich harmlos. Denn es gibt ja noch die *forasteros*, auf Deutsch: »Fremde«. Die sind den Mallorquinern noch fremder als die *extranjeros*. Gemeint sind damit nämlich die Festland-Spanier.

Eine Insel zum Wohlfühlen

Wieso es so viele nach Mallorca zieht, ist leicht zu erklären: Hier lebt man sicher und gesund in einer halbwegs intakten Umwelt. Das hat die große Studie der Organisation for Economic Co-operation and Development zur Lebensqualität ergeben. 362 Regionen hat die OECD verglichen, sowohl Arbeitslosenquote als auch Lebenserwartung wurden dabei berücksichtigt.

Von zehn möglichen Punkten holten die Balearen 5,89. Damit ist das Wohlbefinden deutlich höher als auf den ägäischen Inseln oder in der Türkei. Aber noch wohler fühlen sich die Menschen in Deutschland und den angrenzenden Staaten. In Nordrhein-Westfalen liegt der Wohlfühlfaktor bei 7,18; die Tiroler kommen auf 7,58, und in der Zentralschweiz ist das Wohlbefinden mit 7,73 noch mal ein wenig wohliger. Richtig glücklich sind auf der Insel hauptsächlich die Zugereisten und die Besucher, denn die sogenannten weichen Faktoren sind überdurchschnittlich zufriedenstellend: Umwelt, Sicherheit, Gesundheit. Mallorca erzielt einen Spitzenwert in puncto Sicherheit – 9,6 von 10 Punkten. Dies hat in erster Linie mit der geringen Mordrate auf der Insel zu tun. Pro 100 000 Einwohner werden in einem Jahr nur 0,8 Morde begangen. Die hohe Lebenserwartung von 82 Jahren und die geringe Sterblichkeitsrate von 7,3 Todesfällen pro 1000 Einwohner bescherte den Mallorquinern eine hohe Punktzahl beim Thema Gesundheit. In Sachen Umwelt steht die Insel sogar besser da als die meisten Regionen in Mitteleuropa. Die Luft ist überdurchschnittlich sauber. Und weil es so viele Breitbandanschlüsse fürs Internet gibt, erntete Mallorca auch eine hohe Punktzahl im Bereich »Zugang zu Dienstleistungen«.

Weniger gut sieht es allerdings für die Mallorquiner aus, wenn es um harte Fakten wie Einkommen oder Beschäftigung geht. Die hohen Arbeitslosenzahlen drücken ganz gewaltig aufs Wohlbefinden. Und ein verfügbares Netto-Einkommen von gerade mal 12 230 Euro im Jahr für einen Haushalt ist auch nicht wirklich berühmt. Mittelmaß erreichen die Mallorquiner in ihrem gesellschaftlichen Engagement. Ganz mies sieht es in Sachen Bildung aus. Die PISA-Tests fallen regelmäßig schlecht aus, und nur 55 Prozent der Insulaner haben einen Schulabschluss. Die Jobs im Tourismus auch für Ungelernte und das schnelle Geld ohne Studium sind zu verlockend.

Entdecker, Erfinder, Heilige: Mallorcas große Söhne und Töchter

Ramon Llull (1232–1316) – Einer der größten Gelehrten der Geschichte. Kam in Palma de Mallorca als Sohn einer vornehmen Familie zur Welt und genoss das wilde Leben eines jungen Adeligen. Mit 30 Jahren war ihm angeblich Christus erschienen, woraufhin er sein Leben radikal änderte. Er erfand ein System aus Kreisen und Quadraten, das als Vorläufer des heutigen Computers gilt. Er organisierte Diskussionsrunden mit Arabern und Juden, gründete mehrere Klöster, in denen er die Missionssprachen Arabisch und Hebräisch lehrte. Schließlich bereiste er die halbe Welt, um die Menschen vom Christentum zu überzeugen. In seinem Leben verfasste er 260 Schriften. Darin ging es um Medizin und Mystik, um Recht, Astronomie und Logik. Llull schrieb aber auch eine ganze Reihe von Gedichten und Novellen in katalanischer Sprache. Es sollen die ersten Novellen Europas gewesen sein. Ramon Llull gilt sogar als Begründer der katalanischen Schriftsprache. Er ist in einem Sarkophag in Palmas Kirche Sant Francesc beigesetzt.

Abraham Cresques (1325–1387) – Kartograph und Zeichner des katalanischen Atlas. Mit Karten und Kompassen, aber auch mit Uhren hatte sich der Sohn einer jüdischen Familie aus Palma schon als junger Mann befasst. Mallorca, das als ein Zentrum des Seehandels im Mittelmeer galt, war in jener Zeit bekannt für seine ausgezeichneten Kartographen. Den Auftrag zum weltberühmten katalanischen Atlas gab ihm König Peter IV. von Aragón persönlich – so wichtig war ihm das Werk. Cresques sollte die komplette bis dahin bekannte Welt zeichnen. Er benutzte dafür die bekannten Karten und ergänzte sie um die Berichte, die er von den zahlreichen Seefahrern in Palmas Hafen erhielt, sowie um die Erzählungen von den Reisen Marco Polos. Es entstand ein großes Kartenwerk, das als Sensation gefeiert wurde. Heute ist es in der französischen Nationalbibliothek ausgestellt.

Caterina Tomàs (1531–1574) – Die Inselheilige. Geboren als Tochter einfacher Bauern in Valldemossa. Dort findet man heute an zahlreichen Häusern bunte Kacheln, die Stationen aus ihrem Leben zeigen. Angeblich hat sie schon als Kind Wunder bewirkt. Weil eine Adelsfamilie dafür gesorgt hatte, dass sie lesen und schreiben lernte, wurde sie im Kloster Santa Magdalena in Palma aufgenommen, wo heute auch ihr Leichnam in einem gläsernen Sarg bestattet ist. Sie erlangte vor allem wegen ihrer Visionen Berühmtheit im ganzen Mittelmeerraum. Bischof und Vizekönig erbaten häufig ihren Rat. 1792 wurde sie selig-, 1931 heiliggesprochen.

Junípero Serra (1713–1784) – Einer der Gründer Kaliforniens. Der Bauernsohn aus dem Dorf Petra fiel schon früh durch seine überragende Intelligenz auf und wurde von den Mönchen des Dorfes gefördert. Mit 30 Jahren war er bereits Franziskaner-Pater und Professor der Theologie an der Universität von Mallorca. Zwanzig Jahre später leitete er die Missionierung des heutigen Kalifornien. Er selbst gründete zehn Missionsstationen, darunter in San Francisco, San Diego, Santa Barbara und Santa Clara. Die indigene Bevölkerung der Region wirft ihm Brutalitäten bei der Missionierung vor. Es existieren allerdings auch Briefe Serras an den spanischen Vize-König in Mexiko, in denen er gegen die Gewalt der spanischen Soldaten protestiert. Im Capitol in Washington steht eine Büste des Mallorquiners, er gilt als einer der bedeutendsten Personen in der US-amerikanischen Geschichte. Sein Grab kann man in Carmel-by-the-Sea in Kalifornien besichtigen. Sein Geburtshaus in Petra ist heute ein Museum.

Juan March (1880–1962) – Ein echter Selfmade-Millionär und weltweit anerkanntes Finanzgenie. Geboren in Santa Margalida als Sohn eines einflussreichen Viehhändlers. Schule und Ausbildung interessierten ihn nicht. Bereits als Jugendlicher kaufte und verkaufte er alles, was sich handeln ließ. Dabei machte er auch vor Schmugglerware nicht halt, verkaufte illegal Tabak aus Nordafrika. Schon als junger Mann besaß er mit *Trasmediterranea* seine eigene Schiffsflotte. Zu ihr gehören noch heute die meisten spanischen Fährschiffe. Während beider Weltkriege arbeitete March mit allen Seiten zusammen. Er belieferte sowohl die Briten als auch die Deutschen mit Treibstoff, Waffen und Informationen. Dass er General Franco unterstützt hatte, soll schließlich erst den Bürgerkrieg entschieden und den Sieg der Faschisten über die Spanische Republik ermöglicht haben. Seine *Banca March*, deren Filialen man in fast jedem Dorf auf Mallorca findet, gilt seit einem EU-weiten Stresstest im Jahr 2010 als das solventeste Geldhaus Europas.

Joan Miró (1893–1983) – Maler. Der Sohn einer Mallorquinerin wurde zwar in Barcelona geboren, verbrachte aber den größten Teil seines Lebens in Palma. Die ganze Welt kennt die kräftigen, kalligraphisch anmutenden Bilder Mirós. Miró heiratete 1929 in Palma und pendelte dann meist zwischen Paris und Mallorca. Als die deutschen Truppen Paris belagerten, zog er sich bis zum Kriegsende ganz nach Palma zurück. Dorthin zog er auch wieder 1956 – und blieb bis zu seinem Tod am ersten Weihnachtstag 1983. In seinem Atelier ist seit 1993 ein Museum untergebracht. Er fürchtete den aufkommenden Tourismus. Ihm wird folgendes Zitat zugeschrieben: »… ich wünsche nicht, dass eines Tages an dieser Stelle irgendeiner dieser schrecklichen Wolkenkratzer gebaut werde, die mich von allen Seiten umringen. Die Idee, dass eines Tages ein Vorschlaghammer die Wände von Son Boter niederreißen und die Bilder dort für immer verloren gehen könnten, verfolgt mich Tag und Nacht …«

Josep Lluís Moll (1895–1969) – Hollywood-Schauspieler. Zu Beginn seiner Karriere konzentrierte sich der Künstler, der in Palma geboren ist, vor allem auf seine Stimme. Unter dem Künstlernamen *Fortunio Bonanova* trat er als Bariton auf mallorquinischen und spanischen Bühnen auf. Nach seinem Umzug in die USA erlebte er seinen großen Durchbruch als Schauspieler. Er spielte in mehr als vierzig Hollywood-Filmen mit, darunter »Wem die Stunde schlägt« und »Der Mann, der Liberty Valance erschoss«, einer der erfolgreichsten Western aller Zeiten aus dem Jahr

1962. Seine größte Rolle hatte Lluís allerdings 1941 in dem Orson-Welles-Film »Citizen Kane«, wo er einen Gesangslehrer spielte.

Joan Mascaró (1897–1987) – Geistiger Vater der Hippie-Bewegung. Der in Santa Margalida geborene Mascaró verließ schon früh die Insel, um in Cambridge und Oxford englische Literatur und orientalische Sprachen zu lehren. Er hatte sich auf Sanskrit spezialisiert und übersetzte bereits in den dreißiger Jahren als erster Europäer große Teile der Bhagavad Gita, der Bibel des spirituellen Yoga, ins Englische und Katalanische. Seine Übersetzungen sollen dafür verantwortlich sein, dass in den siebziger Jahren Abertausende von jungen Menschen in Europa und den USA den indischen Lehren nacheiferten. Mascaró war ein enger Freund John Lennons und dessen spiritueller Ratgeber. Man erzählt sich, dass Lennon nach einer sehr intensiven Sitzung mit dem Mallorquiner sein berühmtestes Lied *Imagine* geschrieben habe.

Miquel Barceló (1957 geboren) – Maler und Bildhauer aus Felanitx. Gilt als einer der bedeutendsten zeitgenössischen Künstler der Welt. Studierte an der Schule für Dekorative Künste in Palma und an der Schule für Schöne Künste in Barcelona. Den internationalen Durchbruch schaffte er mit seinen expressionistischen Arbeiten auf der siebten Documenta in Kassel 1982. Es folgten zahlreiche Ausstellungen in Moskau, London und Barcelona. 2007 stellte er eine riesige Keramik in einem Seitenflügel der Kathedrale in Palma fertig. Dies führte zu Kontroversen in ganz Spanien, weil Barceló mit dem Kunstwerk auch seinen Auftraggeber, die Kirche, verunglimpfte. Ein Jahr später applaudierte ihm die gesamte Kunstwelt für sein Deckengemälde im *Palais des Nations* in Genf. Das Gemälde ist 1500 Quadratmeter groß und überspannt den neuen Sitzungssaal des UN-Menschenrechtsrates.

Bekannte Gesichter: Hier wohnen die Promis

Pollença: Peter Maffay, Musiker, **Frank Elstner,** Showmaster
Santa Ponça: Rolf Knie, Künstler, Schauspieler und Zirkusclown, Jürgen Drews, Sänger, Costa Cordalis, Sänger, Egon Wellenbrink, ehemaliger Melitta-Mann
Port d'Andratx: Veronica Ferres, Schauspielerin, **Antonia aus Tirol,** Sängerin, **Dieter Wedel,** Filmproduzent
Palma: Sonja Kirchberger, Schauspielerin, **Christine Neubauer,** Schauspielerin, **Udo Walz,** Star-Frisör
Artà: Boris Becker, ehemaliger Tennisspieler, **Rainhard Fendrich,** Musiker, Sonja Zietlow, Moderatorin
Son Vida: Wolfgang Petry, Sänger, **Guido Westerwelle,** Deutscher Außenminister a. D., **Carl-Uwe »Charly« Steeb,** ehemaliger Tennisspieler

Valldemossa: Michael Douglas, Schauspieler
Establiments: Til Schweiger, Schauspieler und Produzent
Es Capdellà: Sabine Christiansen, Fernsehjournalistin
Colònia de Sant Jordi: Rudolf Scharping, Ex-Bundesverteidigungsminister
Santanyí: Tim Mälzer, Fernsehkoch
Cala Ratjada: Dieter Bohlen, Musiker
Bunyola: Esther Schweins, Schauspielerin
Esporles: Annie Lennox, Musikerin
Puigpunyent: Ulla Kock am Brink, Moderatorin

Die Sprache: Was reden die eigentlich?

Wer auf Mallorca Spanisch spricht, kommt immer durch. In den touristischen Orten und in Palma ist Englisch hilfreich. Deutsch wird häufig in den Orten gesprochen, in denen traditionell viele deutschsprachige Urlauber zu finden sind. Untereinander sprechen die Mallorquiner eine andere Sprache: *mallorquí*. Die Insulaner sagen: »Wenn du Spanisch sprichst, ist das die Einladung an die Bar. Wenn du Mallorquinisch sprichst, ist das die Einladung in mein Haus!«

Das *mallorquí* ist ein Dialekt der katalanischen Sprache. 7,2 Millionen Menschen sprechen *català* auf den anderen balearischen Inseln sowie auf dem Festland in einem Gebiet von Valencia über Barcelona bis hin nach Perpignan in Südfrankreich. Außerdem wird es in Andorra gesprochen und in der Stadt Alghero auf Sardinien, wo in erster Linie die Nachfahren katalanischer Auswanderer leben.

Català wiederum ist nicht, wie viele vermuten, ein spanischer Dialekt, sondern eine eigene Sprache, die in der EU anerkannt ist. Es wird auch oft als »Vulgärlatein« bezeichnet. Auf Mallorca ist Katalanisch neben Spanisch zweite Amtssprache. In der Franco-Diktatur wurden zum Teil sogar die Vornamen ins Spanische übersetzt. Aus dem mallorquinischen Jaume (sprich: Dschau-me) wurde der spanische Jaime (sprich: Chai-me). Als Spanien nach dem Tod Francos wieder zur Demokratie zurückfand, konnten nur noch die älteren Mallorquiner *mallorquí* lesen und schreiben.

Aus dem Recht, Mallorquinisch zu sprechen, wurde mit dem wachsenden Selbstwertgefühl der Insulaner zu Beginn des Jahrtausends fast eine Pflicht. Inzwischen ist auf Mallorca ein regelrechter Sprachenstreit entbrannt, da in den Schulen immer häufiger Unterricht auf *mallorquí* abgehalten wird, und sich einzelne Gemeinden weigern, Dokumente auf Spanisch auszugeben, obwohl die Zweisprachigkeit per Gesetz verbindlich ist. Zeitweise stellten die Krankenhäuser auf der Insel trotz großer Personalnot keine Ärzte, Pfleger und Schwestern ein, wenn diese nicht zuvor einen mallorquinischen Sprachtest bestanden hatten. Als die konservative Partido Popular nach ihrem Wahlsieg 2011 das Rad wieder zurückdrehte und mehr Spanisch an Schulen und in Behörden verordnete, kam es zu Massendemonstrationen und wochenlangen Streiks der Lehrer. Die Schulen zeigen ihren Protest gegen die Hispanisierung, indem sie riesige grüne Schleifen in ihre Fenster hängen.

Selbst viele Katalanen verstehen Mallorquinisch nicht immer, da es für viele Begriffe völlig unterschiedliche Worte auf *català* und *mallorquí* gibt. Hund etwa heißt auf Katalanisch »gos«, auf Mallorquinisch »ca«. Sogar innerhalb Mallorcas ist die Verständigung nicht immer einfach, da jedes einzelne Dorf seinen eigenen Dialekt spricht. Sineu nennt man das »Dorf mit dem e«. Dort wird selbst ein »a« am Wortende wie ein »e« gesprochen. Aus Maria wird Mari-e. Wenn Mallorquiner aufeinandertreffen, erkennen sie fast immer sofort, in welcher Gegend der Insel das Gegenüber aufgewachsen ist.

Kultur

Museen in Zahlen (Stand 2010)

62 Museen insgesamt, davon:
29 private
12 Zeitgenössische Kunst
11 Haus-Museen
9 Archäologie
8 Generalausstellungen
5 Anthropologie
5 Geschichte
3 Schöne Künste
2 Naturwissenschaften
1 Dekorative Kunst
1 Heimatmuseum
5 andere Museen
2 652 860 Besucher/Jahr
42 788 Besucher pro Museum/Jahr

Top Ten: Mallorcas Museen

Es Baluard, Museum für moderne und zeitgenössische Kunst – Wechselnde Ausstellungen avantgardistischer Kunst sind neben hochwertigen Stücken einer privaten Sammlung zu sehen. Außerdem zeigt das Haus auf insgesamt 5000 Quadratmetern Ausstellungsfläche katalanische Landschaftsmalerei und mallorquinische Kunst des 20. Jahrhunderts. Das Museum zählt seit seiner Eröffnung 2004 zu einem der bedeutendsten Kunstmuseen ganz Spaniens. Auch architektonisch interessant, das Gebäude ist über mehrere Etagen in die alten Stadtmauern aus der Renaissance integriert.

CCA Andratx, Zentrum für Zeitgenössische Kunst – Europas größte Sammlung zeitgenössischer Kunst. Fotografien, Installationen, Skulpturen und Gemälde findet man auf 4000 Quadratmetern in einem minimalistischen Gebäude mitten in der Natur. Im Raum *Espai* werden Werke von Künstlern mit Wohnsitz auf den Balearen gezeigt. Vier Solo-Künstler werden pro Jahr von einem Kuratorium ausgewählt. Ein Studioprogramm fördert zudem internationale Künstler. Sie können in einem Atelier arbeiten und im Kunstzentrum auf bestimmte Zeit leben. 500 Künstler aus zwanzig Ländern haben dieses Angebot bislang genutzt.

Fundación Juan March, Kunstmuseum – In einem wunderschönen Stadtpalast aus dem 18. Jahrhundert mitten in Palmas Fußgängerzone findet man Werke bedeutender spanischer Künstler wie Picasso, Miró,

Dalí und Gris sowie Miquel Barceló. Dazu gibt es ständig wechselnde Ausstellungen moderner Kunst.

Fundación Yannick y Ben Jakober, Kunstmuseum – Eine der wichtigsten und schönsten Ausstellungen der Insel. *Nins* zeigt in einem unterirdischen Wasserreservoir 150 Kinderporträts aus dem 16. bis 19. Jahrhundert. In einem zentralen Gebäude findet man zeitgenössische Kunst von Domenico Gnoli bis hin zu Meret Oppenheim. In der Sokrates-Halle werden außergewöhnliche Stücke wie der riesige Swarovski-Vorhang aus 10 000 Kristallen, Werke von Miquel Barceló und anderen Künstlern sowie sieben Glasvitrinen mit antiken Masken und Opfergaben aus verschiedenen Ländern der Erde ausgestellt.

Fundación »La Caixa« im Grand Hotel, Ausstellung Moderner Kunst – Werke des Malers Hermen Anglada-Camasera und wechselnde Ausstellungen moderner und zeitgenössischer Kunst. Allein das Gebäude ist einen Besuch wert. Es handelt sich um das alte Grand Hotel, das erste Hotel Mallorcas, das in einem alten Jugendstilpalast bis 1953 Gäste beherbergte.

Palacio Real de la Almudaina, Königspalast – Teile des Königspalasts sind für die Öffentlichkeit zugänglich. Üppige Wandteppiche, Gemälde und prunkvolle Räume geben Einblick in das Leben des Adels. Der Palast diente muslimischen Herrschern als Residenz, nach der Wiedereroberung auch den katalanischen und spanischen Königen. Heute ist er Sitz der Militärkommandantur und Amtssitz des spanischen Königs.

Can Prunera, Museum für Modernismus – In einem eindrucksvollen Stadtpalast kann man Werke des Modernismus bewundern. Darunter sind Arbeiten von Toulouse-Lautrec, Klee und Léger. Die Dauerausstellung wird durch wechselnde Ausstellungen ergänzt.

Fundación Pilar y Joan Miró, Atelier und Werke Mirós – Joan Miró hat gemeinsam mit seiner Frau Pilar 1981 entschieden, sein Atelier in Palmas Cala Major der Öffentlichkeit zu hinterlassen. Neben seiner Werkstatt sind mehr als hundert Skulpturen, Bilder, Zeichnungen und Skizzen zu sehen. Zudem gibt es wechselnde Ausstellungen junger Künstler. In Workshops kann man selbst kleine Kunstwerke erstellen.

Son Marroig, Landgut des Erzherzogs Ludwig Salvator – Der österreichische Erzherzog Ludwig Salvator lebte hier von 1872 bis 1913 und rettete einen Großteil der Natur an der Costa Nord. Er kaufte riesige Ländereien auf und ordnete an, dass dort kein Baum gefällt und kein Tier getötet werden durfte. Sein bekanntes Werk »Die Balearen in Wort und Bild« schrieb er in Son Marroig. Auf seinem Landgut empfing er Damen aus aller Welt – zweimal auch seine berühmteste Verwandte, Kaiserin Elisabeth. »Sisi« liebte es angeblich, von dem kleinen, weißen Pavillon aus zum Meer zu schauen. Den Pavillon kann man heute dort ebenso wie die Wohnräume des Arxiduc im ersten Stockwerk besichtigen. Gemälde und diverse Kuriositäten, Originalschriften und Porzellan, alte Stiche, Zeichnungen und Landkarten ergänzen die Sammlung. Der Eintritt ins Museum berechtigt auch zum Betreten der Gärten und des Pinien- und Buchenwaldes.

Landgut Els Calderers, Freilichtmuseum – Das riesige Landgut zeigt das Leben der Bauern auf Mallorca in früheren Jahrhunderten. Das Haus am Fuße des Berges Puig de Bonany wurde erstmals 1285 urkundlich erwähnt und Mitte des 18. Jahrhunderts komplett umgebaut und renoviert. Das beeindruckende Wohnzimmer, Schlafzimmer und Küche der reichen Bauernfamilie können im Haupthaus besichtigt werden. Eine Schmiede mit historischen Werkzeugen, das Wachhaus und das Backhaus, Ställe und Scheunen ergänzen das historische Ensemble. Besonders beeindruckend sind die alten Weinkeller und Kornkammern, in denen historische Landmaschinen ausgestellt sind. Die schwarzen Schweine lassen sich von den Besuchern streicheln.

Studieren, wo andere Urlaub machen

Palma ist schon vor Jahrhunderten eine Universitäts-stadt gewesen. Bereits 1483 gründete König Ferdinand II. von Aragón eine Lehranstalt zum »Studium generale«. Fast vierhundert Jahre lang konnten die Mallorquiner dort studieren. Als die Universität 1829 nach einem heftigen Streit zwischen der Regierung in Madrid und den Akademikern der Insel geschlossen wurde, mussten die Schulabgänger der Insel, die studieren wollten, aufs Festland. Die Universitäten in der katalanischen Stadt Cervera und später in Barcelona waren jetzt für sie zuständig. Erst ab 1949 war wieder ein Studium auf Mallorca möglich. Angeboten wurden aber nur die Fächer Philosophie und Pädagogik, und auch die waren ausgelagerte Fakultäten der Universität Barcelona.

Die heutige *Unversidad de las Islas Baleares* – UIB – wurde 1978 gegründet. In den ersten Jahren fanden die Vorlesungen in verschiedenen Gebäuden in Palma statt. Der Grundstein für den heutigen Campus wurde 1983 gelegt. Heftige Diskussionen waren dem Bau vorausgegangen, die Studenten forderten einen Campus näher an der Innenstadt.

Die UIB gliedert sich heute in sechs Fakultäten: Naturwissenschaften, Erziehungswissenschaften, Wirtschaftswissenschaften, Geisteswissenschaften, Recht und Psychologie. Ihr sind eine Schule für Tourismus, eine Schule für Krankenpflege und Physiotherapie sowie eine Technische Fachhochschule angeschlossen.

Akademische Zahlen (Stand 2011)

50 angebotene Studiengänge
15 527 eingeschriebene Studierende in Palma
873 Studierende an den Außenstellen der UIB auf Ibiza und Menorca

Forschungsarbeiten über die Insel

- Bárbara Sastre Bestard: Sprachliche Integration der Deutschen auf Mallorca. Eine Studie in katalanischer Sprache mit deutscher Zusammenfassung, Hamburg 2009
- Claudia Kaiser: Transnationale Altersmigration in Europa. Sozialgeographische und gerontologische Perspektiven, Halle/Wittenberg 2011
- Dennis Hürten: »Sportscape Mallorca«. Eine geographische Untersuchung der ökonomischen Bedeutung und Raumwirksamkeit des mallorquinischen Radtourismus, Köln 2006
- Gottfried Kerscher: Architektur als Repräsentation. Spätmittelalterliche Palastbaukunst zwischen Pracht und zeremoniellen Voraussetzungen, Avignon-Mallorca-Kirchenstaat, Berlin 2000
- Volker Kuntzsch: Mallorca und die Medien. Eine Betrachtung der Deutschen liebsten Insel in den deutschsprachigen Medien, Berlin 1999/2000

- Thomas Schmitt: Ökologische Landschaftsanalyse und -bewertung in ausgewählten Raumeinheiten Mallorcas als Grundlage einer umweltverträglichen Tourismusentwicklung, Gießen 1999
- Stephan Schmitt: Arbeitslieder auf Mallorca. Dokumentation und Untersuchung einiger Feldarbeits- und Hirtenlieder bevorzugt aus dem Sprengel des Dorfes Alqueria Blanca im Süden der Balearen-Insel, München 1982
- Hans-Peter Uerpmann: Die Tierknochenfunde aus der Talayot-Siedlung von S'Illot (San Lorenzo, Mallorca), München 1972

Mallorquinische Begriffe

Mallorca-Akne: Hautreaktion mit juckenden Pusteln, tritt meist einige Tage nach dem ersten intensiven Sonnenbad des Jahres im Frühjahr oder am Beginn des Urlaubs auf. Häufigste lichtbedingte Hauterkrankung in Mitteleuropa.

Mallorca-Police: Begriff aus der Versicherungswirtschaft. Bezeichnet eine Sonderleistung der Kfz-Haftpflichtversicherung. Für einen Leihwagen im Ausland übernimmt die heimische Versicherung die gleiche Mindestdeckung, die in Deutschland gesetzlich gefordert ist. Das gilt für alle Länder der Europäischen Union, außerdem für die Schweiz und Norwegen. Auch bekannt als Mallorca-Klausel.

Mallorca-Shuttle: Bezeichnung für den regelmäßigen Flugplan zwischen mitteleuropäischen Städten und dem Flughafen Palma. Alternativbegriff: Palma-Shuttle.

Mallorca-Bräune: Spott für ausgebliebene Bräune trotz Urlaubs in einem südlichen Zielgebiet. Damit soll angedeutet werden, dass der Urlauber offenbar die meiste Zeit der Ferien in Bars verbracht hat.

Mallorca-Bomber: Bezeichnung für ein Charterflugzeug, in dem hauptsächlich Pauschaltouristen befördert werden.

Münz-Mallorca: Sonnenstudio

Balearisierung: Begriff aus der Wissenschaft, der für Umweltbelastungen, Zersiedlung der Küsten und Tourismus als Monostruktur sowie unzureichende touristische Planung steht. Erstmals von Professor Toni Breuer angewandt, Geographie-Wissenschaftler der Universität Regensburg.

Eine ganze Bibliothek voller Inselgeschichten

Bücher über Mallorca gibt es zuhauf: Reiseführer und Romane, Krimis, Gourmetführer, Kochbücher, Erzählungen, Bildbände, Strandführer, Ratgeber und Wanderführer. Wolfgang Breker, ehemaliger Mallorca-Resident, der jetzt wieder als Immobilienmakler in Essen arbeitet, sammelt seit Jahren alles, was in Buchdeckeln gepresst in deutscher Sprache über die Insel erscheint. Auf seiner Liste mit Büchern, die von Mallorca handeln oder auf Mallorca spielen, stehen 311 Titel. Gelesen hat er sie nicht alle: »Höchstens ein Drittel«, sagt er. Was jemals in deutscher Sprache zu Mallorca irgendwo erschienen ist, listet die Deutsche

Nationalbibliothek auf. Deren Archiv spuckt 3267
Ergebnisse aus.

Eine kleine Auswahl:

- Billigflieger, Philip Tamm
- Mallorca, Feng Shui und zwei halbe Orangen, Thomas Fitzner
- Die Mallorca-Mafia, Werner Geismar
- Mallorca – Insel des Lichts, Christin Hannah
- Im Tal der Orangen, Peter Kerr
- Eine Finca auf Mallorca, Elke Menzel
- Die Liebenden von Son Rafal, Brigitte Blobel
- Endstation Palma, Christoph Gottwald
- Mallorca, ein Jahr, Heinrich Breloer und Frank Schauhoff
- Ins Jenseits auf Mallorca, Roderic Jeffries
- Geschichten aus dem anderen Mallorca, Robert Graves
- Hart am Abgrund, Uwe Heinze
- Mallorca – Hin und nicht zurück, Maike Hempel
- Das Mallorca Komplott, Guillem Frontera
- Fiesta im Schnee der Mandelblüten, Brunhild Seeler-Herzog
- Die Insel des zweiten Gesichts, Albert Vigoleis Thelen
- Ein Winter auf Mallorca, George Sand
- Freizeichen, Ildikó von Kürthy
- Ein Mann, ein Dorf: Heiße Glossen aus Mallorca, Stefan Keller
- Sturm über Mallorca, Michael Böckler
- Rückflug zu verschenken, Gaby Hauptmann
- Tod im Talayot, Heinrich J. Prinz
- Der Sieg der Taube, Peter H. Jamin
- Tatort Mallorca, Die Tote in der Mönchsbucht, Barbara Ludwig

- Ins fernste Blau, Carme Riera
- Mallorca sehen und dann sterben, Hansjörg Martin
- Marsmenschen auf Malle, Wilhelm Ruprecht Frieling
- Mallorca Exclusiv, Alida Gundlach
- 600 Fragen zu Mallorca, Joan-Antoni Adrover i Mascaró
- Das Mallorca Kartell, Elke Becker
- Poolposition, Andreas Schnabel
- Mallorquinische Nächte, Bettina Döblitz

Lesen, hören, sehen: Die Insel-Medien

Tageszeitungen

Spanisch/Katalanisch: *Ultima Hora* (Auflage 28 331 Exemplare, Stand Mai 2014), *Diario de Mallorca* (Auflage 21 088, Stand Mai 2014), *ARA Balears* (7430, Stand Mai 2014).

Deutsch: *Mallorca Magazin* (Auflage 35 000), erscheint seit 1971 wöchentlich. Die erste Ausgabe war 24 Seiten dick und wurde genau 1000 Mal gedruckt. *Mallorca Zeitung* (Auflage 35 000), erscheint seit 2000 wöchentlich, kein Vertrieb außerhalb Mallorcas.

Weitere: *El Aviso, Die Inselzeitung, Majorca Daily Bulletin, Mallorca heute*

Radio

Mehr als 15 Radiosender in spanischer und katalanischer Sprache gehen von Mallorca aus auf Sendung. Die wichtigsten sind *Radio Nacional de España* RNE mit mehreren Programmen und lokalen Fenstern, *Cadena Ser, Onda Cero, Cope, Punto Radio, Radio Balear* und der eigene mallorquinische staatliche Sender *IB3*. Mehr auf die diversen musikalischen Geschmacksrichtungen konzentrieren sich Sender wie *M80, Flaix FM* oder *RockFM*. *Mallorca 95,8 – Das Inselradio* gibt es seit 1996, es gilt als erfolgreichstes deutschsprachiges Radioprogramm im Ausland. Es sendet von seinem Studio in Palma aus für die ganze Insel 24 Stunden Programm am Tag, live moderiert von 7 bis 20 Uhr. Die Feste des Radios wie Golfturniere, House-Partys oder Sommerfeste mit Live-Auftritten von Künstlern wie Tim Bendzko, Rainhard Fendrich oder Orchestral Manoeuvres in the Dark gelten als wichtiger Treffpunkt der deutschsprachigen Community. Laut einer eigenen Erhebung ist das Inselradio für 86,67 Prozent der Deutschen auf Mallorca der Lieblingssender. Über 84 Prozent hören täglich zu, bei einem Viertel der Hörer läuft das Inselradio mehr als sechs Stunden pro Tag.

Fernsehen

IB3 – der staatliche Fernsehsender ist auch der meistgesehene auf der Insel. Neben den üblichen spanienweiten Programmen strahlen auch kleine, lokale Stationen stundenweise ihr Programm aus. Dazu gehören *Tevei, Manacor TV* und *Popular TV.*

Fünf filmische Geheimtipps, die auf Mallorca spielen

- Der König von Palma (2013)
- Mallorca Zombie (2011)
- Klischee: Mörderisches Halloween auf Mallorca (2007)
- Hai-Alarm auf Mallorca (2004)
- Mallorca – Liebe inbegriffen (1993)

Immer eine Schlagzeile wert

Auf Korsika brennt es, auf Kreta wird das Wasser knapp, auf Sizilien wird die größte Bank ausgeraubt. All das ist im Sommer 2014 passiert. Mitbekommen haben das nur wenige. Den deutschsprachigen Zeitungen war es höchstens eine kleine Meldung wert, ein paar Zeilen irgendwo im Innern des Blatts. Wenn sich aber Mallorca-Urlauber von der Feuerwehr gestört fühlen, dann schafft es diese Meldung sogar auf Seite eins von Europas auflagenstärkstem Boulevardblatt »Bild«. »Hier tankt ein Löschflugzeug auf Mallorca« prangte auf dem Titel der Ausgabe vom 29. 07. 2013, weiter hieß es: »Die Urlauber baden vor Mallorca, mittendrin tankt ein Löschflugzeug in der Bucht von Paguera. Seit Freitag brennen bei Andratx die Wälder.«

Der Boulevard liebt Mallorca – und Mallorca-Urlauber lieben den Boulevard. Die spanische »Bild«-Ausgabe wird sogar direkt vor Ort in einem Gewerbegebiet in Palma gedruckt. An jedem Kiosk in den touristischen Zonen kann man das Blatt kaufen. Fünfmal pro Jahr muss die Insel im Schnitt für einen »Bild«-Aufmacher herhalten.

Österreichs »Kronenzeitung« oder der Schweizer »Blick« sind schwieriger zu bekommen, der Vertrieb auf Mallorca ist einfach zu teuer. Dennoch ist das Thema auch dem Boulevard in den Alpenrepubliken immer wieder eine Schlagzeile wert. Da heißt es dann: »Schlagerstar Antonia – Autounfall auf Mallorca« (»Kronenzeitung« vom 4. 11. 2013) oder »Den Ballermännern geht's an den Kragen: Dirnen-Krise auf Mallorca« (»Blick« vom 13. 03. 2014).

»Bild«-Schlagzeilen von 1964–2014

245 Erwähnungen auf der Titelseite
112 Schlagzeilen über Streik, Flugverspätungen, neue Hotels, Touristensteuer, Rekordzahlen von Fluggästen und Urlaubern

Journalistische Ehrenrettungen

In manchen Jahren postiert »Bild« einen Reporter während der Hochsaison auf der Insel. Meist drehen sich die Storys um Urlauber, die sich in Arenal danebenbenehmen. Im Sommer 2009 wurde es der »Mallorca Zeitung« zu bunt. Sie fühlte sich in der journalistischen Insel-Ehre getroffen. »Bild« hatte wegen der Schweinegrippe vor Mallorca gewarnt und getitelt: »Deutsche Urlauber in Angst«. Am 23. Juli 2009 erschien die »Mallorca Zeitung« aufgemacht wie das große Boulevardblatt und titelte in Riesenlettern: »Schweinegrippe – Keine Spur von Angst: Urlauber bleiben ganz cool«. Der Original-Schriftzug »BILD« war um ein Banner ergänzt, und so wurde daraus: »BILD übertreibt maßlos«.

Und als nach einem besonders kühlen mallorquinischen Frühling 2007 »Bild« und andere deutsche Blätter die Insel mit Häme überschütteten, war es ebenfalls die »Mallorca Zeitung«, die sich wehrte. »17 Grad, Regen: So beschissen war es auf Mallorca« textete »Bild«, Schwesterzeitung »Welt« pflichtete bei: »Auf Mallorca sitzen die Urlauber in ihren heizungslosen Zimmern und haben nicht mal Lust zum

Fernsehen, weil sie beim Anblick der sonnigen Heimat traurig werden.«

Das stimmte tatsächlich. Dennoch fühlte sich damals die »Mallorca Zeitung« zu einer Antwort veranlasst, die viel Applaus bei Urlaubern und Mallorca-Liebhabern auslöste. Sie warnte in einer großen Schlagzeile: »Freut euch nicht zu früh« und erläuterte anhand von Wetter-Statistiken, wie das Wetter im Jahresschnitt aussieht, wo am wenigsten Regen fällt, die meiste Sonne strahlt, und wo es am wärmsten ist. Die Zeitung aus Palma sollte recht behalten. Auf den wunderschönen Frühling folgte in ganz Mitteleuropa ein verregneter Sommer. Auf Mallorca war das Wetter im Sommer 2007 dann wie immer: heiß und trocken.

Mallorca fett gedruckt: 20 »Bild«-Schlagzeilen

Das Wrack von Mallorca! (23.06.1964) – Nur das Seitenleitwerk der zweimotorigen spanischen Chartermaschine ragt noch aus dem Wasser.

Tausche Mallorca-Reise gegen ein neues Fahrrad (05.05.1970) – Den BILD-Bericht von einem Mädchen, das ein außergewöhnliches Angebot hat, lesen Sie auf Seite …

Typhus auf Mallorca (11. 07. 1975) – Sechs britische Urlauber, die ihre Ferien an der Nordküste Mallorcas verbracht haben, bekamen Typhus.

Hungerkur auf Mallorca – tot (29. 11. 1977) – Nach einer freiwilligen Hungerkur, die ihr auf Mallorca ein belgischer Wunderheiler verordnet hatte, ist die Patientin jetzt tot.

Mallorca: 5 Tote im Hotel (03. 07. 1979) – Ferien-Express im Kugelhagel! Tote, neue Überfälle – der Schrecken für viele Urlauber in Spanien geht weiter.

Mallorca: Deutsche Frauen heimlich beim Sex gefilmt – für Pornos (28. 10. 1981) – Die spanische Polizei jagt einen Ring von Pornofilmern: Sie machen sich an deutsche Urlauberinnen auf Mallorca heran.

Di und Charles auf Mallorca (08. 08. 1986) – Prinz Charles und Prinzessin Diana machen für eine Woche Sommerurlaub auf Mallorca. Spaniens König Juan Carlos hatte sie eingeladen.

Mallorca: Müllstreik – die Ratten kommen (29. 05. 1989) – Vielen der 25 000 Deutschen, die gerade auf Mallorca sind, wird der Urlaub verleidet.

Mallorca soll deutsch werden (09.07.1993) – Erbpacht auf 99 Jahre. Es war schon mal deutsch – bei den Vandalen. Wäre das nicht traumhaft schön? Mallorca, die liebste Ferieninsel der Deutschen, soll ganz offiziell ein Stück Deutschland werden.

Bundesliga jetzt auf Mallorca? (04.12.1993) – Herrlich verrückter Plan mit der Bundesliga! Wenn im Winter in Deutschland nicht gespielt werden kann, sollen die Klubs nach Mallorca.

Killeralgen vor Mallorca (12.09.1995) – Die Killeralgen breiten sich an der Südostküste von Mallorca immer weiter aus.

Mallorca: Plakate gegen Deutsche (18.02.1997) – Das Land wird knapp. Vor allem die Deutschen kaufen, kaufen. Fincas, Ferienwohnungen oder einfach Grundstücke auf Vorrat. Die Notare verdienen sich buckelig, die Bürgermeister sind entsetzt!

Mallorca: Duschen nur nach Zeitplan (13.04.2000) – Wasser-Alarm auf Mallorca: Urlauber dürfen dieses Jahr nur nach Stundenplan duschen.

Bier-Aufstand auf Mallorca (08.09.2000) – Fünf Kneipen in der Schinkenstraße dichtgemacht! Tausende deutsche Touristen auf Mallorca stinkesauer.

Zum Zahnarzt nach Mallorca (25.05.2001) – Erst bohren, dann Ballermann. Immer mehr Deutsche fahren nach Mallorca, um sich die Zähne behandeln zu lassen.

Schnee-Chaos auf Mallorca (02.03.2004) – Das Winter-Chaos erreichte auch Mallorca. Die höher gelegenen Regionen sind eingeschneit.

Rauchverbot auf Mallorca (24.06.2004) – Schock für Mallorca-Urlauber! Die Balearen-Regierung plant ab nächstem Jahr ein Rauchverbot auf der Insel.

Ätsch! Wir haben Mallorca die Sonne geklaut! (13.05.2008) – 28 Grad! Deutschland schwitzt, Mallorca steht im Regen. Deutschland genießt wunderbare Pfingsten, auf Mallorca hingegen Mistwetter.

Hai-Angst auf Mallorca! (06.05.2013) – Hai-Alarm vor Mallorca. Urlauber in großer Angst. Nach dem Fund eines fünf Meter großen Hai-Kadavers trauen sich viele Touristen nicht mehr ins Meer.

Mallorca verbietet Bikinis in der Stadt! (13.05.2014) – Nur in Badehose oder Bikini durch die Altstadt von Palma flanieren? Damit ist jetzt Schluss! Am Abend beschloss der Gemeinderat der Insel eine neue Kleiderordnung für Touristen.

Tourismus

Der erste Tourist: Ludwig Salvator (1847–1915)

Der österreichische Erzherzog besuchte zu For-schungszwecken 1867 unter dem Pseudonym Ludwig Graf Neudorf das erste Mal Mallorca, drei Jahre spä-ter ließ er sich ganz auf der Insel nieder. Neben sei-nem großen Interesse für die Balearen soll er vor al-lem für seine nachlässige Kleidung bekannt gewesen sein. Nicht nur einmal wurde er für einen Schweine-hirten gehalten. Zu seinen vielen Veröffentlichun-gen gehört auch der 1914 publizierte Band »Zärtlich-keitsausdrücke und Koseworte in der friulanischen Sprache«. Salvator eröffnete die erste Pension der In-sel, der Aufenthalt war gratis, wenn man seine Ver-pflegung selbst mitbrachte. Bevor er seine Leiden-schaft für die Balearen entdeckte, verbrachte der Erzherzog seine Freizeit mit seinem Schimpansen, der auf den Namen »Gorilla« gehört haben soll.

Der Tourist im 21. Jahrhundert (Stand 2014)

Der durchschnittliche Mallorca-Besucher ist zwischen 25 und 44 Jahre alt (40,5 %) und weiblich (54,6 %). Er kommt hauptsächlich, um seinen Urlaub auf der Insel zu verbringen (95,4 %), und wohnt im Hotel (72,7 %). Dabei bevorzugt er ein 4-Sterne-Haus (46,6 %), bucht pauschal (62,7 %) und bleibt 8,4 Tage.

Von der Erfindung des Tourismus ...

Einer der ersten berühmten Besucher war der Komponist Frédéric Chopin. Er verbrachte den Winter 1838/39 im Dörfchen Valldemossa, um seine Schwindsucht zu kurieren. Seine Geliebte, die Schriftstellerin George Sand, begleitete ihn und schrieb danach das Buch »Ein Winter auf Mallorca«, das noch heute als Mallorca-Klassiker gilt.

Damals konnte man Mallorca nur per Schiff erreichen. Das erste richtige Hotel wurde erst 1901 eröffnet: das *Grand Hotel* in Palma. In den dreißiger Jahren erlebte die Insel ihren ersten kleinen Touristen-Boom. Vor allem piekfeine britische Urlauber machten mit ihren Kreuzfahrtschiffen halt in Palma und verbrachten ihre Urlaubstage meist in Port de Pollença. Das Luxushotel *Formentor* galt als Geheimtipp der europäischen Geld- und Geisteselite.

Eine erste Touristen-Statistik stammt aus dem Jahr 1930: 15 000 Kurzzeiturlauber und 30 000 Langzeit-Urlauber, die länger als einen Monat blieben, wurden registriert. Die ersten deutschen Pauschalurlauber kamen 1934 mit dem Reiseveranstalter »Dr. Tigges«. 37 begüterte Deutsche ließen sich Anreise, Überfahrt, Hotel und Transfer von diesem Unternehmen als Sorglos-Paket organisieren.

Nach dem spanischen Bürgerkrieg und dem Zweiten Weltkrieg stoppte das UNO-Embargo über das faschistische Spanien jeglichen Tourismus. Ein Jahrzehnt herrschte dann noch strenger Visumzwang, anschließend gab es kein Halten mehr.

... zum Ferienziel Nummer 1

360 000 Touristen zählte man im Jahr 1960, zehn Jahre später waren es zwei Millionen. 1990 kamen 7,5 Millionen – und im Boom-Jahr 2006 reisten 12,3 Millionen an. Damit ist Mallorca das Ferienziel Nummer eins in ganz Europa. Oder anders ausgedrückt: Wenn in Deutschland ein Flieger mit Feriengästen abhebt, dann ist die Wahrscheinlichkeit am höchsten, dass er in Palma landet. 3,5 Millionen Fluggäste landeten im Sommer 2013 auf Mallorca – mehr als auf alle griechischen und italienischen Inseln und den Kanaren zusammen.

Kaum etwas wird in jedem Jahr mit größerer Spannung von der mallorquinischen Wirtschaft erwartet als der Bericht des Ministeriums für Tourismus und Sport. Haarklein wird dort aufgelistet, wie erfolgreich die vergangene Saison verlaufen ist. Und dann gibt es ordentlich was zu lesen: Der Bericht vom Jahr 2013 ist 124 Seiten dick.

Touristische Zahlen

9 454 251 Besucher insgesamt
974 380 Besucher aus Spanien
8 470 881 Besucher aus dem Ausland, davon:
3 709 865 aus Deutschland
2 105 167 aus Großbritannien
312 365 aus der Schweiz

56,8 % Hotelauslastung
97,7 % im besten Monat August
6,8 % im schlechtesten Monat Dezember

51,1 % Auslastung der Ferienwohnungen
96,7 % im besten Monat August
4,2 % im schlechtesten Monat Dezember

63,7 % Auslastung in ländlichen Finca-Hotels
92,5 % im besten Monat Juni
21 % im schlechtesten Monat Januar

1590 Beherbergungsgebäude (Hotels, Appartementanlagen etc.)

137540 Gästezimmer insgesamt

286654 touristische Übernachtungsmöglichkeiten insgesamt, davon:

41132 in Appartements

660 in Feriensiedlungen

152071 in Hotels

790 in Hotels Garni

77476 in Appartement-Hotels

4009 in einfachen Hostels

3710 in Frühstückspensionen

657 in einfachen Stadthotels

2782 in Agro-Turismos (Landhöfe)

1270 in Finca-Hotels

500 auf Campingplätzen

114127 angestellte Beschäftigte im Tourismus während der Hochsaison, davon:

47791 in Hotels und Service

38797 in Restaurants und Bars

14106 im Transportwesen

15438 in sonstigen Bereichen wie Reiseleitung, Autovermietung etc.

S'Arenal entsteht:
Die Geburt von Europas größter Badewanne

Dort, wo heute siebzig Hotels die Silhouette eines rekordverdächtigen Feriengebietes bilden, stand vor noch nicht mal 150 Jahren kein einziges Haus. 1872 baute ein Mann aus Llucmajor dort ein erstes kleines Ferienhäuschen. Nach und nach kamen weitere Bootsschuppen, Fischerhäuschen und Hütten dazu. Neun Jahre später wird die Siedlung zum ersten Mal in einer spanischen Urkunde erwähnt – mit 21 Einwohnern. Um 1900 herum war ein kleines Dorf entstanden, hauptsächlich aus *casas de recreo*, Häuser zur Erholung, die man heutzutage als Lauben bezeichnen würde. Man nannte die Siedlung schließlich S'Arenal, die Sandige. Immer mehr Arbeiter zogen nun dorthin. Sie kamen mit dem Bau der Eisenbahnlinie von Palma nach Llucmajor und waren hauptsächlich in den Steinbrüchen beschäftigt. Dreißig Jahre später gibt es noch immer kein Hotel und kein Restaurant. Drei Bars kümmern sich um den Durst der Besucher und der 379 Bewohner. Immerhin sieht man jetzt die ersten Schwimmer im Meer. Der Strand von S'Arenal war noch 1920 in drei Zonen eingeteilt. Eine für Männer, eine für Frauen und eine für Tiere.

All das änderte sich schlagartig mit dem Tourismus-Boom. Die Nähe zum Flughafen und zu Palma und der kilometerlange Sandstrand ließen S'Arenal zum Symbol des Massentourismus werden. An die 70 Hotels im Ort selbst reihen sich nahtlos weitere 65 Hotels der Nachbarorte, die zusammen das Feriengebiet Platja de Palma bilden. Dort gibt es heute 32 861 Gästebetten – so viele wie an keinem anderen Ort der Insel, fünfmal so viele wie in der Innenstadt von Palma. Die meisten Hotels entstanden in den sechziger Jahren. Die ältesten und hässlichsten von ihnen sollen in den nächsten Jahren abgerissen und renoviert werden. Dafür stellt der spanische Staat eine Milliardensumme zur Verfügung. Heute leben 16 709 Einwohner in S'Arenal. Die Hälfte von ihnen kommt vom spanischen Festland – angelockt von den Jobs im Tourismus.

Was das wieder kostet

Die Deutschen sind eindeutig die sparsamsten Urlauber. Sie lassen deutlich weniger Geld auf der Insel als Touristen anderer Nationen. Das ergab eine Berechnung des spanischen Tourismusministeriums, die auf Zahlen aus dem Jahr 2013 basiert.

Ausgaben pro Tag und Urlauber
Schweizer: 140 Euro
Skandinavier: 140 Euro

Spanier: 112 Euro
Briten: 104 Euro
Deutsche: 102 Euro

Gesamtkosten für den Mallorca-Urlaub
Hotelgäste: 919 Euro
Appartement- oder Ferienhaus-Gäste: 1162 Euro

Gesamteinnahmen durch Touristen
Briten: 530 Millionen Euro
Deutsche: 511 Millionen Euro
Spanier: 305 Millionen Euro

Flughafen Son Sant Joan: Nadelöhr mit langen Wegen

Wer auf Mallorca Urlaub machen will, kommt an ihm nicht vorbei. Er ist die Schleuse. Das Nadelöhr. Und er ist riesengroß.

Son Sant Joan, der Flughafen mit dem internationalen Kennzeichen PMI, ist der drittgrößte Spaniens und kann es mit mehr als 20 Millionen Fluggästen pro Jahr durchaus mit dem Düsseldorfer Flughafen aufnehmen. Alle müssen gut zu Fuß sein, denn die Wege im *aeropuerto* sind sehr lang. Da das komplette Terminal in vier Module unterteilt ist, finden sich die meisten Besucher trotz der gewaltigen Ausmaße gut zurecht. Passagiere aus der EU landen fast immer im nagelneuen Modul C oder D. Die Schweizer kommen ebenso wie die Briten meist im Modul A an, das hauptsächlich für Fluggäste aus Nicht-Schengen-Staaten genutzt wird. Das Modul B ist das gemütlichste. Von hier aus geht es mit kleineren Maschinen weiter, meist auf die beiden anderen Balearen-Inseln Ibiza und Menorca, vereinzelt aber auch nach Barcelona.

Im Erdgeschoss kommen die Gepäckstücke an. Wenn sie denn ankommen. Zu Stoßzeiten reichen die 18 Gepäckbänder bei weitem nicht aus. Dann muss man manchmal bis zu vierzig Minuten auf seinen Koffer warten, hat die Tageszeitung »Diario de Mallorca« beobachtet.

Dabei könnte sich die staatliche Flughafen-Betreibergesellschaft AENA durchaus ein neues Computersystem leisten – gerade in Palma. Denn der Airport ist das Kronjuwel unter den 47 spanischen Flughäfen. Im Jahr 2012 nahm er rund 248 Millionen Euro ein. Unterm Strich kam ein Reingewinn von 73,8 Millionen Euro zusammen. Damit war Son Sant Joan der rentabelste Airport im ganzen Land.

Der Flughafen in Zahlen

22 769 082 Passagiere pro Jahr (2013)

35 000 000 Passagiere pro Jahr möglich

3 742 000 Passagiere im Rekordmonat August 2014

18 000 Passagiere können pro Stunde abgefertigt werden

400 000 Passagiere können pro Tag abgefertigt werden

170 138 Starts und Landungen pro Jahr (2013)

25 592 Starts und Landungen im Rekordmonat August 2014

12 236 854 **Tonnen** Frachtgüter pro Jahr (2013)

73 Airlines mit regelmäßigem Ziel Palma de Mallorca (2014)

248 **Millionen Euro** Jahresumsatz des Flughafens (2012)

73,8 **Millionen Euro** Reingewinn des Flughafens (2012)

6,5 km² Gesamtfläche des Flughafens

250 722 m² Gesamtfläche des Terminals

12 000 Arbeitsplätze

300 Unternehmen, die im Bodenbereich tätig sind

6048 m² Fläche der Verkaufsläden und Boutiquen

31 **Millionen Euro** Jahres-Umsatz der Shops

9 **Euro** Durchschnittsausgaben eines Passagiers bei Abreise

205 Schalter für Aufgabe des Gepäcks

18 Kofferbänder

34 Fluggastbrücken

88 Parkpositionen

4800 Parkplätze für PKW

Der Flughafen, historisch

1921 steuerte das erste Flugzeug die Insel an. Es war ein Wasserflugzeug, das in Barcelona gestartet war und Post nach Mallorca bringen sollte. Im Hafen von Palma landete es unter dem Applaus der Mallorquiner und legte dann an der Kaimauer an.

Touristen, die Mallorca besuchen wollten, mussten damals noch mit dem Schiff vorliebnehmen. Bis zum Jahr 1934. Da brachte die Fluglinie *Aero-Taxi de Mallorca* die ersten Urlauber aus der Luft. Die Mallorquiner hatten bereits zwei kleine Flugplätze gebaut: Son Sant Joan an der Küste und Son Bonet etwa zehn Kilometer entfernt im Landesinnern, im heutigen Es Pont d'Inca, einem Stadtteil Palmas.

Schnell zeigte sich, dass Son Sant Joan viel zu klein war, um eine größere Zahl von Starts und Landungen abzuwickeln. Die Fluggesellschaft LAPE (jetzt: IBERIA) hatte 1935 die erste Flugstrecke zwischen Madrid und Palma eingerichtet. Drei Jahre später kam mit Lufthansa die erste ausländische Airline auf die Insel. Alle flogen nun Son Bonet an. Der Flughafen, den wir heute kennen, wurde nur noch militärisch genutzt.

Ende der fünfziger Jahre zählte man bereits mehrere hunderttausend Fluggäste pro Jahr, jetzt platzte Son Bonet aus allen Nähten. Das war die eigentliche Geburtsstunde für den internationalen Flughafen

Son Sant Joan. Ein erstes Terminal für zivile Passagiere wurde gebaut, die Landebahn verstärkt, eine eigene Stromversorgung wurde installiert, Parkhäuser und Zufahrtsstraßen gebaut. Am 18. Juli 1960 übernahm Son Sant Joan den kompletten Flugverkehr.

Endgültig fertig ist der Airport aber bis heute nicht. Kaum ist eine Baumaßnahme beendet, müssen schon wieder neue Pläne geschmiedet werden, weil die Passagierzahlen immer noch steigen. Das alles funktioniert nur, weil man von PMI parallel fliegen und landen kann. Die zweite Startbahn – 3270 Meter lang – wurde 1974 gebaut. Kurz vor der Jahrtausendwende wurde das Terminal in der heutigen Form eingeweiht. Nachdem im Mai 2010 ein neuer Abflugbereich freigegeben wurde, können nun Jahr für Jahr 35 Millionen Passagiere von PMI abfliegen und landen. Damit gibt sich der staatliche Betreiber AENA nicht zufrieden. Er lässt gerade an Plänen für 38 Millionen Fluggäste arbeiten.

Fast immer nach oben: Passagierzahlen

1962: ca. 1 Mio	**2003:** 19,2 Mio
1965: ca. 2 Mio	**2004:** 20,4 Mio
1980: ca. 7 Mio	**2005:** 21,2 Mio
1986: ca. 10 Mio	**2006:** 22,4 Mio
1995: ca. 15 Mio	**2007:** 23,2 Mio

2008: 22,8 Mio	2011: 22,7 Mio
2009: 21,2 Mio	2012: 22,7 Mio
2010: 21,1 Mio	2013: 22,8 Mio

Das geht auch ohne Fliegen

2013 fuhr der frühere Baumaschinenmonteur Winfried Langner im Alter von 77 Jahren aus dem niedersächsischen Lauenförde mit seinem Trecker nach Mallorca, inklusive Fährüberfahrt von Barcelona auf die Insel. 1900 Kilometer, 15 Stundenkilometer. Den Trecker nennt er liebevoll Robert.

Die Insel im Handtuchkrieg

»I stormed the pool before the germans!« steht auf der Vorderseite eines T-Shirts, das in der britischen Hochburg Magaluf verkauft wird: Ich habe den Pool vor den Deutschen erobert. Die eigentliche Pointe, die den britischen T-Shirt-Träger vor seinen Landsleuten zum Helden macht, findet sich auf dem Rücken: »… and I had breakfast!« – und ich habe gefrühstückt! Kein Streit zwischen Mallorca-Urlaubern verschiedener Nationen wird so leidenschaftlich ausgefochten wie der Handtuchkrieg.

Sieger in dieser Auseinandersetzung ist derjenige, der die Liegen mit dem schönsten Sonneneinfall am

Hotelpool für sich gewinnt. Die Taktik vieler Deutscher ist, bereits frühmorgens, wenn der Pool in der Regel verwaist ist, Sonnenliegen mit eigenen Handtüchern zu reservieren. Die meisten Engländer ärgern sich dann, wenn sie später am Tag keine freie Liege finden, etliche Liegen aber völlig unbenutzt am Pool stehen und mit dem Handtuch eines Deutschen versehen sind. Der Streit wird ordentlich von der Boulevardpresse beider Länder befeuert.

Den Höhepunkt erreichte der Handtuchkrieg 2008, als ein britischer Tourist vom Reiseunternehmen Thomson 750 Pfund Ausgleich für entgangene Urlaubsfreude erhielt. Grund: Im Hotel des Briten waren zu viele deutsche Gäste und Handtücher gewesen. Mallorca tauchte postwendend auf einer Liste der »Bild« mit Urlaubsdestinationen auf, vor denen das Blatt warnte: »Achtung! Kann Briten enthalten.« Bis in die USA schlug dieser Streit Wellen. »Deutsche und Briten sind wieder im Krieg«, verkündete der amerikanische Fernsehsender ABC am 6. Juni 2008.

Die britische »Daily Mail« versuchte daraufhin ebenfalls im Sommer 2008 ihre Landsleute aufzuwecken und schlug Alarm mit der Schlagzeile »Deutsche gewinnen den Handtuchkrieg«. Erst drei Jahre später rüsteten die Briten dann wirklich auf, um die Schlacht um die Poolliegen in der Saison 2011 endgültig für sich zu entscheiden – mit Monster-Handtüchern!

In den britischen Hochburgen Magaluf und Port de Pollença boten die Händler Jumbo-Towels mit der britischen Flagge an, und auch im Königreich selbst fanden die Handtücher reißenden Absatz. Um zehn Prozent war der Verkauf der XXL-Handtücher gestiegen, die dreimal so viel Platz beanspruchen wie normale Strandlaken. Die »Westdeutsche Allgemeine Zeitung« zitierte damals eine Sprecherin des Kaufhauses Debenhams: »Da hat jemand klassische Kriegsstrategie studiert und eine neue Besatzungstaktik entwickelt.«

Sogar wissenschaftlich ist der Handtuchkrieg inzwischen untersucht worden. Forscher der Universität Oxford fanden heraus, dass das Schlafverhalten der Grund dafür ist, dass die Deutschen meist Sieger im Krieg um die Liegen sind. Zwar schlafen Engländer wie Deutsche sieben Stunden pro Nacht und haben auch ganz ähnliche Schlaf-Wach-Muster. Aber Engländer bleiben gewöhnlicherweise nach dem Aufwachen noch zwanzig Minuten im Bett, die Deutschen nur 15 Minuten. Diese fünf Minuten sind entscheidend im frühen Kampf um die Pool-Position.

Millionär für eine Sommerwoche:
Die teuersten Luxus-Fincas zum Mieten

Immer mehr Urlauber pfeifen auf ein Hotel und mieten eine Ferienwohnung, eine Villa am Meer oder eine Finca auf dem Land. In Zeiten der Krise haben viel zu viele Spanier gleichzeitig versucht, ihre Immobilien zu verkaufen. Das führte dazu, dass die Preise für Häuser und Wohnungen in den Keller fielen. Weil viele nicht bereit sind, ihr Haus für einen Spottpreis zu verkaufen, vermieten sie es an Feriengäste. So lange, bis sich ein Käufer findet. Allein das Portal *fewo-direkt* listet 10 980 Objekte für die Ferienvermietung auf Mallorca auf – in allen Regionen, in allen Größen, zu allen Preisen. Das beginnt bei 20 Euro pro Nacht in der Nebensaison in einem Appartement in der Bucht von Pollença. Das Luxus-Quartett sieht aber ganz anders aus.

Villa Los Caballos: 18 040 Euro/Woche

- 1000 m² Wohnfläche in der Nähe von Colònia de Sant Pere an der Ostküste
- zwei Villen auf einem 22-Hektar-Grundstück
- sechs Schlafzimmer, sieben Bäder, Platz für zwölf Gäste
- Spezialausstattung: Pferdestall, private Joggingstrecke, Pool, Whirlpool, Fitnessräume, Pförtner, Reinigungspersonal

Villa Son Vida Hills: 17 325 Euro/Woche

- hoch über Palma gelegen, im exklusiven Villenviertel Son Vida
- fünf Schlafzimmer
- Wohnzimmer mit 6,80 Meter Deckenhöhe
- Spezialausstattung: Sonos-Soundsystem, Heimkino, Sauna, Dampfbad, drei Golfplätze, Tennisplätze direkt vor der Haustür, Infinity-Pool, Köche, Sicherheitspersonal, Chauffeur, Butler

Villa Cala Vinyes: 16 996 Euro/Woche

- zwischen Magaluf und Portals Vells im Südwesten
- fünf Schlafzimmer, fünf Bäder, Platz für zehn Gäste
- Spezialaausstattung: Pool, opulente Beleuchtung

Villa in Son Vida: 13 821 Euro/Woche

- Große Villa in Son Vida
- fünf Schlafzimmer, sechs Bäder, Platz für 10 Personen
- Spezialausstattung: keine, außer der noblen Lage, die Besitzer weisen darauf hin, dass es 22 Sitzmöglichkeiten im Freien gibt

Party

Wo ist eigentlich der Ballermann?

Um gleich mit der Tür ins Haus zu fallen: Den Ballermann gibt es nicht. Jedenfalls nicht wirklich. Ballermann ist die Eindeutschung des spanischen Wortes *balneario*. Und ein *balneario* ist ein Badehäuschen, eine Strandkneipe. 15 davon stehen an der Platja de Palma, direkt zwischen Strandpromenade und Meer, immer im Abstand von etwa 270 Metern. Sie sind nummeriert, damit man sich an dem vier Kilometer langen Sandstrand besser orientieren kann. Die »1« steht nahe des kleinen Hafens von S'Arenal im Südosten, die »15« im Ortsteil Can Pastilla.

Alle *balnearios* sind ähnlich gebaut. Auf einer Fläche von etwa drei mal zehn Metern findet sich ein Häuschen aus Stahl. Theke, Zapfanlage und Toiletten gibt es – das Notwendigste also, was der durstige Strandbesucher braucht. Drumherum stehen Stühle, Tische, Sonnenschirme. Deutsche Urlauber treffen sich bereits seit vielen Jahren vorwiegend am *Balneario 6*, und aus dem wurde irgendwann »Ballermann 6«.

Der Ballermann ist natürlich viel mehr als nur ein Kiosk am Meer. Ballermann ist ein Synonym, ein

Mythos, manche behaupten sogar: ein Lebensgefühl. Als Ballermann wird von den meisten Deutschen geographisch die komplette Platja de Palma verstanden, die Hochburg der Deutschen zwischen S'Arenal und Palma. Das sind Bierkönig und Schinkenstraße, Mega-Park und Oberbayern. Es gibt auch eine Art Saison am Ballermann. Im Mai trifft man hauptsächlich Kegelvereine, die ihre Clubkasse auf den Kopf hauen. Im Juni sind es Fußballmannschaften, die ihr Saisonende feiern. Ganzjährig – sogar in den Wintermonaten – werden Junggesellenabschiede hier gefeiert.

Wo überall Ballermann draufsteht

Aus dem Lebensgefühl ist inzwischen eine eingetragene Marke geworden. Ein Ehepaar aus Rosenheim hat sich 1994 »Ballermann« schützen lassen und erhält jetzt jedes Mal fröhlich Lizenzgebühren, wenn irgendwo eine kommerzielle »Ballermann-Party« stattfindet oder jemand ein Getränk unter diesem Namen anbietet.

Ballermann-Party: Diese Lizenz kann jeder für einzelne Veranstaltungen kaufen. Kostenpunkt: 1,50 pro Besucher, mindestens aber 750 Euro – zuzüglich Mehrwertsteuer

Ballermann-Hits: Jährliche Show des TV-Senders RTL2, die auf Mallorca aufgezeichnet wird

Ballermann-Hits – die CD: Sampler mit Partymusik der Ballermann-Stars aus der TV-Aufzeichnung

Ballermann 6: Deutscher Kinofilm aus dem Jahr 1997 mit Tom Gerhardt in der Hauptrolle

Die Ballermann-Mission: Die Abenteuer von Mike Maulwurf in den Überraschungseiern der Firma Ferrero

Ballermann-Radio: Webradio mit Pop-Schlager-Musik

Ballermann-Charts: Mehr als 300 Party-DJs aus Deutschland, Österreich und der Schweiz melden, welche Stimmungsmusik gut ankommt

Ballermann-Partyreisen: Reisebüro, das Gruppenreisen organisiert, hoher Partyfaktor, Ziele nicht nur auf Mallorca

Ballermann-Award: wird seit 2006 verliehen, ausgezeichnet werden die erfolgreichsten Ballermannstars. Die Veranstaltung findet seit 2011 im Willinger Brauhaus statt (vorher: Palma de Mallorca und Duisburg). Die Kategorien, in denen Preise verliehen werden, variieren.

Gewinner des Ballermann Awards

2006: Michael Wendler

2007: Mickie Krause

2008: Jürgen Drews

2009: Die Autohändler

2010: Axel Fischer (Bester Coversong), Olaf Henning (Bester Live-Act), Tim Toupet (Bester Party-Act), Anna-Maria Zimmermann (Bester Pop-Schlager)

2011: Markus Becker (Bester Coversong), Mickie Krause (Bester

Live-Act), Willi Herren (Bester Party-Act), Jörg Bausch (Bester Pop-Schlager), Norman Langen (Bester Newcomer), Matthias Reim (Lebenswerk)

2012: Der Benniii (Senkrechtstarter 2012), Jürgen Drews (Lebenswerk), Axel Fischer (Bester Coversong), Olaf Henning (Bester Party-Act), Ikke Hüftgold (Bester Newcomer), Norman Langen (Bester Live-Act), Loona (Bester Pop), Anna-Maria Zimmermann (Radio Airplays 2012)

2013: Ina Colada (Bester Durchstarter), Willi Herren (Bester Coversong), Mickie Krause (bester Live-Act), Andreas Martin (Lebenswerk), Frank Neuenfels (Bester Pop-Schlager), Peter Wackel (Bester Partysong)

Party, Party, Party: Feiern für Fortgeschrittene

Wer wirklich Party machen will, der findet vermutlich dafür keinen besseren Ort als die Platja de Palma. Vom Bett bis in die Bars sind die Wege kurz, die Hotels sind umzingelt von Diskotheken und Kneipen. Die meisten locken mit Happy-Hour-Angeboten oder Bier zu Sonderpreisen. Und Happy Hour heißt beispielsweise im Bierkönig: Die beiden Biere zum Preis von einem kommen nicht nacheinander, sondern gleichzeitig. Damit das Freigetränk nicht warm wird, muss man schnell trinken.

Der Party-Urlaub am Ballermann ist deshalb so

beliebt, weil man in nur zwei Flugstunden in eine regelrechte Feierwelt mit Sonnengarantie eintauchen kann. Eine Partywelt im Ausland, die es einem einfach macht. Fast überall wird Deutsch gesprochen, es gibt deutsches Bier, deutsches Brot, Currywurst und Bundesliga auf den Kneipenfernsehern. Wer will, kann gleich eine Ecke weiter spanisches Leben genießen, bekommt *aioli*, *tapas* und *sangría* ohne Eimer.

Das richtige Outfit

Damit sich alle Gruppenreisenden wiederfinden, sorgen die meisten gut vor: Viele Ballermannfans erkennt man schon am heimischen Flughafen am Gruppen-T-Shirt. Die Sprüche dafür muss man sich Dank www.ballermann-shirts.de nicht selbst ausdenken, jeder kann sich sein personalisiertes Shirt drucken und nach Hause schicken lassen.

Beliebte T-Sprüche

- »Schönsaufen« funktioniert wirklich!!!
- Blümchensex ist nur was für Vegetarier
- Das Einzige, was ich studiere, ist die Getränkekarte
- Die ganze Welt ist eine Kneipe
- Don Promillo

- Gute Mädchen kommen in den Himmel, böse direkt an den Ballermann
- Ich kann noch stehen, also bleiben wir noch

Weitere unverzichtbare Accessoires: Strohhut, Knicklichtarmband, Sonnenbrand.

Schluss mit allzu lustig: die neuen Benimmregeln

Sie nennt sich »Verordnung für ein zivilisiertes Zusammenleben«, und sie hat es in sich. Mit diesem Gesetz, beschlossen im Mai 2014, will die Stadt Palma den Ruf der Platja aufpolieren. Wer gegen die Regeln verstößt, muss zahlen. Und nicht gerade wenig. Die Vergehen kosten zwischen 50 und 600 Euro. Palmas Lokalpolizei kontrolliert streng. Mit bis zu 60 Beamten durchkämmt sie regelmäßig die Gegend rund um Schinkenstraße und Bierstraße und greift konsequent durch. Bei 15 Großeinsätzen in den ersten sechs Wochen nach Inkrafttreten der Verordnung hatte sie im Sommer 2014 bereits mehr als 5000 Euro an Bußgeldern eingenommen, einen betrunkenen Urlauber wegen Widerstandes vorübergehend verhaftet und mehr als 2000 Getränkeflaschen konfisziert.

Unter den Mallorquinern ist die neue Verordnung heftig umstritten. In den Leserbriefen der Tageszeitungen äußerten viele die Angst, die Touristen könnten sich gegängelt fühlen und sich für ihren Urlaub künftig andere Ziele aussuchen.

Was dürfen Urlauber nicht mehr?

- Saufgelage auf offener Straße sind strengstens untersagt. Menschenansammlungen, die die öffentliche Ordnung oder Nachtruhe stören, können sofort von der Polizei aufgelöst werden. Unter dieses Verbot fällt auch das beliebte gemeinsame Trinken aus Plastikeimern. Bußgeld: 200 bis 400 Euro.

- Auf offener Straße sowie in öffentlichen Verkehrsmitteln muss man mehr Stoff tragen als nur Bikini oder Badehose. Oben ohne ist – auch bei Männern – nur in Straßen erlaubt, die zum Strand führen, auf Strandpromenaden sowie am Strand selbst. Andernorts werden 50 bis 200 Euro Strafe fällig.

- Wer seine Notdurft auf offener Straße verrichtet oder Kaugummis auf den Boden spuckt, ist mit 200 bis 400 Euro dabei.

- Wer eine Prostituierte anspricht, riskiert ein Bußgeld von 200 bis 400 Euro. Die Damen selbst gehen straffrei aus, sofern sie nicht gegen andere Gesetze verstoßen.

- Auf Gehwegen, in Parks oder auf Bänken darf nicht übernachtet werden. Auch wer tagsüber seinen Rausch auf einer Parkbank ausschläft, riskiert eine Strafe. Kostenpunkt: 50 bis 200 Euro.

Zu den kostenpflichtigen Tabus gehören an der Platja de Palma außerdem:

- Mitbringen von Glasflaschen und anderen scharfen Gegenständen an den Strand
- Waschen in Brunnen oder Seen (Kleidung oder Körper)
- Rassistische, sexistische, homophobe Aussagen
- Hellsehen, Kartenlegen, Glücksspiele und Massagen ohne Genehmigung

Von Sängern und Königen

Der König kommt. Er kommt und kommt und kommt. Immer wieder. Drews gehört zu Mallorca wie der Dom zu Köln. Er ist ein Urgestein am Ballermann. Jürgen Drews ist schließlich der »König von Mallorca«. Diesen Stempel hat er weg, seit ihn Thomas Gottschalk bei einem Sommer-»Wetten, dass …?!« in Palmas Stierkampf-Arena so bezeichnete. Und niemand macht ihm seinen Titel streitig. Wenn er nachts um 2:30 Uhr im Mega-Park auftritt, ist der Laden zum Bersten voll. Immer.

Dabei ist die Konkurrenz riesengroß. Rund um den Ballermann tummeln sich viele, die einst in Deutschlands Schlagerwelt eine feste Größe waren. Und es versuchen sich etliche, die über den Durchlauferhitzer Ballermann noch zu einer solchen Größe werden wollen. Ob man Stimme hat oder nicht, ist dabei nicht immer ausschlaggebend. Auch Promis wie Micaela Schäfer und Gina Lisa Lohfink treiben sich an der Platja rum. Erstere singt nur selten, steht aber einmal in der Woche im Mega-Park an den Plattentellern als »DJane LaMica«. Frau Lohfink singt nicht, mixt nicht, tanzt nicht. Sie präsentiert sich als Promi-Queen und It-Girl. Sie wird groß im Mega-Park angekündigt und ist dann einfach anwesend.

In jeder Saison kommen neue Promis an die Platja. Doch es gibt natürlich auch einige unverwüstliche Konstanten, ohne deren Hits der Ballermann nicht komplett wäre.

Die Ballermann-Stars

Jürgen Drews, Jahrgang 1945 Größter Hit: Ein Bett im Kornfeld Auftritte: Mega-Park

König von Mallorca. Drews' erster Wohnsitz ist zwar im westfälischen Dülmen, er besitzt aber auch eine Villa im Südwesten Mallorcas und verbringt dort die Sommermonate. Gleich nebenan, im Ferienort Santa Ponça, betreibt er das »Kult-Bistro«. Dort gibt der »König von Mallorca« jeden Sommer ein Gratiskonzert, manchmal auch gemeinsam mit seinem Freund und Nachbarn Costa Cordalis. Drews war auch schon in verschiedenen Filmen zu sehen, unter anderem 1981 in »Ein Kaktus ist kein Lutschbonbon«.

Michael Wendler, Jahrgang 1972 **Größter Hit:** Sie liebt den DJ **Auftritte:** Mega-Park

Bezeichnet sich selbst als »König des Pop-Schlagers«. Jahrelang war er im Nachtleben rund um den Ballermann ein Star – bis er in Ungnade fiel. Erst stritt man sich um ein Lokal, das er eröffnen wollte, dann gab es reichlich Ärger um einen angeblichen Auftritt im Oberbayern im Frühjahr 2014. Wendler warb auf einem Plakat mit falschem Publikum, das Oberbayern selbst wusste nach eigenen Angaben gar nichts von dem Auftritt. Ende vom Lied: Wendler durfte bei der Konkurrenz, dem Mega-Park, zur Opening-Party auftreten.

Peter Wackel, Jahrgang 1977 **Größter Hit:** Scheiß drauf! Mallorca ist nur einmal im Jahr **Auftritte:** Bierkönig und Oberbayern

Einer der typischen Ballermann-Stars. In Deutschland kennt kaum jemanden den Schlagersänger, auf der Partymeile an der Platja ist er einer der Größten. Dort gehört er seit vielen Jahren zum musikalischen Inventar. Einen echten Hit landete er 2013: »Scheiß drauf! Mallorca ist nur einmal im Jahr« wurde zur Mallorca-Hymne der Saison. Er tritt regelmäßig im Bierkönig auf, wo es inzwischen die »Wackel-Bar«

gibt, an der man den Star persönlich treffen kann. Wackel verwendete jahrelang den Namenszusatz »Partynator«.

Mickie Krause, Jahrgang 1970 **Größter Hit:** Zehn nackte Friseusen **Auftritte:** RIU-Palace

Die Friseusen bescherten ihm den Durchbruch. Seine Masche: Reime, die auf Körperzonen unterhalb der Gürtellinie zielen. Damit ist er ein echter Kult-Star auf Mallorca geworden, das größte Zugpferd, das die Diskothek RIU-Palace zu bieten hat. Sein Markenzeichen ist eine schlechtsitzende Perücke. Bevor er als Solokünstler zum Ballermannstar wurde, sang er in der Band *Erika Rehbein und das Schlagerkarussell*.

Antonia aus Tirol, Jahrgang 1980 **Größter Hit:** Ich bin viel schöner **Auftritte:** Oberbayern und Bierkönig

Auch sie fühlt sich geadelt. Wenn Drews sich schon »König« nennen darf, erlaubt sie sich den Titel »Pop- und Partyschlager-Queen«. Sie sorgt für Dirndl-Power am Ballermann. Jeden Montag verwandelt sie den Bierkönig in eine Mischung aus Après-Ski-Party und Oktoberfest. Ihren Durchbruch schaffte Antonia mit »Anton aus Tirol«, einem Hit, den sie gemeinsam mit DJ Ötzi coverte. »Auf die Bänke fertig los (oh la la la)« ist ihr Ballermann-Hit mit dem höchsten Mitgröl-Faktor.

Die Atzen, Jahrgang 1978 und 1980 **Größter Hit:** Disco Pogo
Auftritte: RIU-Palace

Zwei Rapper aus Berlin, die früher als »Frauenarzt« und »Manny Marc« bekannt waren. Der Partyrap »Das geht ab!« bescherte den beiden 2009 ihre ersten wöchentlichen Auftritte an der Platja. Mit »Disco Pogo« fabrizierten sie ein Jahr später eine echte Ballermann-Hymne – und einen Chart-Erfolg. 47 Wochen hielt er sich in den deutschen Charts, erreichte sogar Platz 2. In Österreich kletterte der »Disco Pogo« auf den vierten Platz, in der Schweiz auf Rang 20. Die Atzen gehören zu den Stars des RIU-Palace. Markenzeichen: Volluniformierung in Neonfarben.

Anna-Maria Zimmermann, Jahrgang 1988 **Größter Hit:** 1000
Träume weit **Auftritte:** Bierkönig und Oberbayern

Gibt sich mit dem Titel »Prinzessin« zufrieden: »Pop-Prinzessin«. Dieter Bohlen nannte die Kandidatin bei »Deutschland sucht den Superstar« immer nur »Sonnenschein«. Sie schaffte im Herbst 2005 bei DSDS den sechsten Platz. Seit 2008 tritt sie regelmäßig auf. Selbst hartgesottene Ballermann-Fans hielten im Oktober 2010 die Luft an, als Anna-Maria Zimmermann mit einem Hubschrauber schwer verunglückte. Sie sollte damals zur Verleihung des »Ballermann-Award« eingeflogen werden und stürzte in der Nähe von Paderborn auf eine Landstraße. Seit Juni 2011 steht sie wieder auf der Bühne. Sie ist im Bierkönig für die romantischen Momente zuständig.

Tim Toupet, Jahrgang 1971 **Größter Hit:** Ich bin ein Döner
Auftritte: Bierkönig

Der Sänger sieht nicht nur aus wie ein Friseur und nennt sich wie eine Frisur – er ist tatsächlich ein ausgebildeter Haarverschönerer. Er betreibt seinen eigenen Salon »Hair-Concept« in Pulheim bei Köln. Immer montags, wenn alle Friseure frei haben, ist er an der Platja zu sehen. Selbstverständlich heißt der Hit, der ihn zu einer Ballermann-Größe gemacht hat, »Du hast die Haare schön!« Sein Kölner Freund, Ex-Big-Brother-Bewohner Jürgen Milski, nahm ihn 2005 mit an den Ballermann und verpasste seiner Gesangskarriere damit den entscheidenden Kick. Seit jüngerer Zeit tritt er im Indianerkostüm auf, was mit seinem Hitversuch »Ahu« zusammenhängt.

Willi Herren, Jahrgang 1975 **Größter Hit:** Wer bist denn Du?
Auftritte: Mega-Park

Die »Lindenstraße« hat ihn berühmt und berüchtigt gemacht. Er spielte dort den fiesen Olli Klatt. Von 1992 bis 2007 war er in der ARD-Serie zu sehen. 2004 belegte er in der RTL-Show »Ich bin ein Star – holt mich hier raus« den dritten Platz. Dass er für Stimmung sorgen kann, beweist er nicht nur auf Mallorca, sondern auch immer wieder auf zahlreichen Partyveranstaltungen in Deutschland. Er selbst bezeichnet sich als »Rampensau«. Gemeinsam mit Ikke Hüftgold brachte er im Sommer 2014 »So gehen die Gauchos (die Deutschen)« auf die Bühnen an der Platja – eine neu abgemischte Version des umstrittenen Liedes, zu dem Teile der deutschen Fußball-Nationalmannschaft nach der gewonnen Weltmeisterschaft auf der Berliner Fanmeile einen Tanz aufgeführt hatten.

Ikke Hüftgold, Jahrgang unbekannt **Größter Hit:** Saufen ist scheiße (Wir machen's trotzdem) **Auftritte:** Bierkönig

Wurde von Peter Wackel entdeckt und hatte 2010 sein Debüt an der Platja. Hat sich dort zum Tausendsassa entwickelt, der auch etliche andere Ballermann-Barden produziert. Tritt nur auf, wenn er vom Publikum mit erhobenem Mittelfinger begrüßt wird.

Markus Becker, Jahrgang 1971 **Größter Hit:** Das rote Pferd **Auftritte:** Mega-Park, Bierbrunnen

Man erkennt ihn an seinem roten Cowboyhut. Den trägt er seit Mitte 2007 als Markenzeichen – und offenbar auch als Glücksbringer. Denn mit dem Hut kam auch sein Sommerhit: »Das rote Pferd«. Dieser Stimmungskracher ist einer der meistgespielten Hits, in den deutschen Single-Charts schaffte es das Lied – eine Coverversion des Chansons »Milord« – im gleichen Jahr sogar auf den vierten Platz. Weitere bekannte Hits sind »Hörst du die Regenwürmer husten?« und »Wenn im Dorf die Bratkartoffeln blühn«. Weil er auch in zahlreichen Stimmungslokalen in Bulgarien auf der Bühne steht, hat ihn Jürgen Drews persönlich mit dem Titel »König vom Goldstrand« geadelt.

Oli P., Jahrgang 1978 **Größter Hit:** Flugzeuge im Bauch
Auftritte: Oberbayern, Bierkönig

Oliver Petszokat startete seine Karriere als Daily-Soap-Schauspieler. Obwohl er nur ein gutes Jahr in der RTL-Serie »Gute Zeiten, schlechte Zeiten« spielte, stieg er ganz schnell zum Mädchenschwarm auf. Diese Popularität verhalf ihm auch zum musikalischen Durchbruch. Seine dritte Single, eine gerappte Version des Grönemeyer-Songs »Flugzeuge im Bauch«, kletterte auf Platz 1 der Charts in Deutschland, Österreich und der Schweiz. Er verkaufte mehr als zwei Millionen Singles davon. Auch mit einer Coverversion des Peter Maffay-Songs »So bist Du« eroberte er ein Jahr darauf in allen drei Ländern die Charts. Bekannt ist er auch als TV-Moderatur einer »Familienduell«-Neuauflage. Bei seinen Auftritten an der Platja sind die weiblichen Gäste deutlich in der Überzahl.

Jürgen Milski, Jahrgang 1963 **Größter Hit:** Großer Bruder
(mit Zlatko Trpkovski) **Auftritte:** Oberbayern

Milski arbeitete als Feinblechner in den Ford-Werken in Köln, bis er als Bewohner des ersten Big-Brother-Containers zu großer Popularität kam, die in einer Nummer-1-Single gipfelte. Der Song »Großer Bruder«, den er zusammen mit Big-Brother-Mitbewohner Zlatko aufnahm, wurde 800 000-mal verkauft. Daraufhin startete er eine zweite Karriere als Sänger und Fernsehmoderator. Im Jahr 2006 krönte ihn das Magazin »Stern« zum »erfolgreichsten Partysänger Deutschlands«.

Die Autohändler Jörg und Dragan, Jahrgang unbekannt
Größter Hit: Superhupen **Auftritte:** Mega-Park

Jörg und Dragan gelangten durch die RTL-Serie »Die Autohändler« zu einer gewissen Bekanntheit. In der fiktiven Serie spielten sie zwei Gebrauchtwagenhändler. Seit den neunziger Jahren organisierte das Duo Autos für verschiedene RTL-Produktionen und baute diese auch nach Bedarf um. Sie tingeln mit einer Art Gesangs- und Comedy-Show über Messen, Jubiläumsveranstaltungen und durch Diskotheken.

Mia Julia, Jahrgang unbekannt **Größter Hit:** Oh Baby
Auftritte: Bierkönig und Oberbayern

Der Nackt-Star an der Platja. Mia Julia, frühere Pornodarstellerin, hat die Weltmeisterschaft im Nacktrodeln gewonnen, trägt bei ihren Auftritten am Ende nur noch Schuhe – und singt. »Oh Baby« war 2013 ihr erster eigener Song. Sie präsentiert sich in einer halbstündigen Bühnenshow und lockt auch erstaunlich viele Frauen zu ihren Auftritten.

Schäfer Heinrich, Jahrgang 1966 **Größter Hit:** Das Schäferlied
Auftritte: Bierkönig

Heinrich Gersmeier, Schäfer aus dem Westfälischen, wurde als heiratswilliger Landwirt in der RTL-Dokusoap »Bauer sucht Frau« bekannt. Mit seinem »Schäferlied«, das nach eigenen Angaben sein Vater geschrieben hat, nahm ihn die Plattenfirma EMI-Music unter Vertrag. Auf Mallorca trat er zum ersten Mal 2010 auf.

Textsicher am Ballermann

Anfänger

- Alle sind locker und grölen rum, kaum ein Lied ist uns dazu zu dumm. Peter Wackel: Scheiß drauf! Mallorca ist nur einmal im Jahr

- Die Fliege war nicht dumm, sie machte sumsumsum und flog mit viel Gebrumm ums rote Pferd herum. Markus Becker: Das rote Pferd

- Die Masse rockt. Wir sind bekloppt. Die Atzen: Disco Pogo

- Und trittst du aus der Tür, sagt jeder gleich zu dir: Du hast die Haare schön, das liegt bestimmt am Fön. Tim Toupet: Du hast die Haare schön!

- Ich hab zwar einen in der Krone, doch das ist mir scheißegal. Jürgen Drews: König von Mallorca

- Es ist mir egal, wenn du dein Herz verlierst: Heute mach ich einen Mann aus Dir! Mia Julia: Oh Baby!

- Ich lieg an der Playa, oho. Ich bin so gern da, ja. Oho. Kim Gloss: Ich lieg an der Playa

Fortgeschrittene

- Der DJ spielt jetzt Après Ski und Hits vom Ballermann. Wir haben eine geile Zeit und alle singen dann: Endlich normale Leute, Oheho! Buddy: Endlich normale Leute

- Mein Lieblingstier ist der Zapfhahn. Schaut, wie schön er läuft. Er freut sich, wenn man säuft. Die Öxen: Der Zapfhahn

- Jetzt zieh ich los. Alarm, Konfetti fliegt! Am ganzen Körper, da spür ich den Beat. Ina Colada: Ola Olé

- Der Wal hustet laut, was kommt da denn heraus? Es ist die dicke Schwester von Klaus und Klaus. Ikke Hüftgold: Dicke Titten Kartoffelsalat

- Sie war blau wie das Meer, voll wie der Strand. Und so breit wie der Horizont lag sie im weißen Sand. Tobee: Blau wie das Meer

Mallorca Megacharts (Stand Oktober 2014)

Einmal im Monat veröffentlicht die JiP Musik Promotion UG die größten Mallorca-Hits auf der Website mallorcamegacharts.de

1. Buddy: Endlich normale Leute
2. Christian Anders feat. Lara Bianca Fuchs: Das war ne harte Zeit
3. Antonia aus Tirol: Auf die Bänke fertig los (Oh la la la) Partymix
4. Judith Hildebrand & Nikolas: Liebe ohne Leiden 2014
5. Ansgar Hüttenmüller feat. Jennifer Hans: Du bist so schön
6. Die Wolkenstürmer: Durchgebrannt
7. Willi Herren vs. Ikke Hüftgold: So gehen die Gauchos (Mallorca Mix)
8. Kim Gloss: Ich lieg an der Playa
9. Nik P.: Geboren um dich zu lieben (Discofox-Mix)
10. DJ Ramazotti: Ich bin frei

Auf weiteren Plätzen vertreten: Die Öxen: Der Zapfhahn, Ramon der singende Türsteher: Rhythmus he in Kölle, Biggi Bardot: Bingo Bingo Banga, Die Igelschnauzen: Oktoberfest-Spaßbremsen, Mr Tomm: Im Himmel gibt's kein Bier, DJ Blondi: Normale Leute

Wo die Deutschen Party machen

Mega-Park und RIU-Palace auf der einen Seite und Bierkönig mit dem Oberbayern auf der anderen sind die bekanntesten und größten Party-Tempel an der Platja de Palma. Man ist sich untereinander nicht immer ganz grün, die Konkurrenz ist groß. Allgemein gilt die Regel: Ein Mega-Park-Star tritt niemals im Bierkönig oder Oberbayern auf und umgekehrt. Aber wie im Fußball wird nach einer Saison immer wieder neu verhandelt.

Die Clubs an der Platja

Mega-Park-Komplex, größter Star: Jürgen Drews **Eintritt:** frei im Mega-Park, zwischen 10 und 18 Euro in Prince und MegArena **Freibier:** 11.30 bis 12.00 Uhr und 19.30 bis 20.30 Uhr

Unübersehbar, direkt am Strand bei *Balneario 5*, liegt dieser riesige Komplex. Der Open-Air-Bereich mit 3500 Quadratmetern Fläche ist der eigentliche Mega-Park, umgeben von hohen Mauern und Zinnen im Kathedralen-Stil, die wirken, als schaue man auf eine Filmkulisse. An Sommertagen besuchen zwischen 5000 und 8000 Gäste den Mega-Park. Vor allem bei der Live-Übertragung von Fußballspielen platzt er regelmäßig aus allen Nähten. Eine der drei riesigen Leinwände gilt mit ihren 70 Quadratmetern als die größte Europas. Wenn um 1 Uhr die Musik leiser gedreht werden muss, kann man unter der Erde im Club Prince oder in der MegArena, die sich als größter Partykeller Mallorcas bezeichnet, weiterfeiern. Bis zu 4000 Gäste finden hier Platz. Der Eintrittspreis hängt davon ab, welcher Künstler in der Nacht live auftritt.

RIU-Palace, größter Star: Mickie Krause **Eintritt:** zwischen 10 und 22 Euro (zwei oder drei Longdrinks inklusive)

Eine klassische Diskothek – mit angesagten DJs, Go-Go-Girls und einer beeindruckenden Lasershow. Es wird in erster Linie sehr tanzbare Chartmusik gespielt. In den 2000er-Jahren war der Laden das Nonplusultra auf Mallorca. Im Sommer wird ein abgetrennter Nebenraum – die »Disco RIU-Palace« – zur Soulsuite, in der Hip-Hop und Black Beats gespielt werden. In der Nebensaison verwandelt sich dieser Raum in die Schlager- oder Partysuite. Die Live-Künstler treten nach Mitternacht auf. Gehört ebenso wie der Mega-Park, die Großraumdisco BCM, das Pacha und das noble Tito's in Palma zur *Grupo Cursach*, dem größten Partyveranstalter Mallorcas.

Bierkönig, größter Star: Peter Wackel **Eintritt:** frei,
Freibier: 10.00 bis 11.00 Uhr

Der Klassiker unter den Party-Tempeln in der Schinkenstraße eröffnete 1988. Auf 6500 Quadratmetern finden in diesem riesigen Biergarten bis zu 6000 Gäste Platz. Der innere Bereich ist teilweise verglast, um Ruhestörung zu vermeiden. Es gibt mehrere Theken, Tanzflächen und Bars. Die bekannteste davon ist die Wackel-Bar. Go-Go-Girls tanzen am Abend auf den Tischen zur klassischen Ballermann-Partymusik.

Oberbayern, größter Star: Anna-Maria Zimmermann **Eintritt:** 6 Euro Mindestverzehr, ab 21 Uhr Getränkeflatrate für 20 Euro

Mittendrin, an S'Arenals Promenade gelegen. Seit Jahrzehnten beliebter Feiertempel in allen Altersgruppen. Tagsüber ziehen Gruppen in Seppl-Hut und Lederhosen über den Strand und durch die Straßen der Platja, um für das Oberbayern zu werben. Das Publikum sollte es zünftig mögen, zu Schlager- und Chartmusik wird auch immer wieder die typische Ballermann-Musik gemischt. Live-Künstler treten nach Mitternacht auf. Weil die Diskothek regelmäßig überfüllt war, hat man in direkter Nachbarschaft die Clubs Bolero und Regine's eröffnet, die auch Gäste jenseits der 30 anziehen.

Wo die Spanier Party machen

Die Partymeile der jüngeren Mallorquiner liegt in der Hauptstadt: Es ist der Paseo Marítimo, die Hafenpromenade von Palma. Wer Kontakt zu den jungen Leuten der Insel haben möchte, muss hierher kommen. Tagsüber ist die Straße entlang der Hafenkante eher unscheinbar. Ein paar Bars, ein paar Geschäfte, wenige Hotels, einige Restaurants und Autovermieter gibt es hier. Das *Auditorium*, ein großes privates Theater aus Beton, wirkt im Tageslicht eher trist. Nachts ist der Paseo nicht mehr wiederzuerkennen. Von drei Fahrspuren ist nur noch eine befahrbar. Die linke Spur verwandelt sich in einen Parkplatz, auf der rechten tummeln sich die Nachtschwärmer. Die zahllosen Bars sind nun aufgewacht, alles ist voller Menschen. Tausende stehen nicht in den Kneipen, sondern draußen vor den Türen, Gläser in der Hand. Sie feiern. Man isst spät, oft erst gegen Mitternacht. Und danach geht es in die Bars und Diskotheken. Keiner bleibt lange in einer Bar hängen, gemeinsam mit den Freunden zieht man von einem Laden zum nächsten. *La marcha* nennen sie das, den Marsch durchs Nachtleben.

Die Clubs in Palma

Tito's, Eintritt: ab 10 Euro – Palmas nobelster Club, auch wenn die ganz großen Jahre um 1950 vorbei sind, in denen Stars wie Liza Minnelli oder Frank Sinatra dort ein- und ausgingen. Mit seiner Glasfassade zur Strandpromenade Paseo Marítimo und einem gläsernen Aufzug demonstriert das Tito's nach wie vor seine Exklusivität. Von mehreren Ebenen aus hat man einen grandiosen Blick auf den Hafen und die unzähligen Lichter der Boote, die dort in der Nacht vertäut sind. Aus den Boxen kommt edler Clubsound. Oft legen DJs auf, die in Spanien als Legenden gelten – Francesco Farfa beispielsweise oder Wally Lopez. Wer Musik der Achtziger und Neunziger mag, wird hier auch seinen Spaß haben. In Shorts oder Badelatschen kommt man allerdings nicht ins Haus.

Pacha, Eintritt: 28 Euro (inklusive einem Freigetränk) – Ableger des Ibiza-Klassikers direkt neben dem kleinen Hafen Can Barbara. Sehr edel, sehr stylish. Auf drei Ebenen wird House, Funk und Chill-Out gespielt. Hier trifft man die coolsten Leute Palmas. Es legen DJs aus aller Welt auf. Im Sommer steht jede Nacht unter einem bestimmten Motto. Am Dienstag beispielsweise ist immer »Bella Italia« angesagt – hier werden besonders viele Tracks aus der italienschen Clubszene aufgelegt. Jeden Mittwoch gibt es »Pure

Pacha Ibiza«, der Donnerstag ist den Residents vorbehalten, am Freitag steht Soulmusik im Mittelpunkt. Wenn man einen lässigen, mediterranen Style trägt, fällt man nicht unangenehm auf.

Luna, Eintritt: 10 Euro – Moderner Club in schönem Art-Deco-Stil. Liegt etwas oberhalb des Paseos an der Plaça Vapor. Von dort oben hat man einen wunderbaren Blick auf den Hafen und die Kathedrale. Es gibt Funk, House und Techno im Wechsel mit Latino-Musik und spanischer Discomusik. Zu Beginn des Abends eher junges Publikum, später kommen immer mehr Nachtschwärmer in den Club und ziehen den Altersschnitt nach oben.

Wo die Briten Party machen

Wenn die Briten feiern, dann lassen sie nichts aus. Ihre Hochburg ist Magaluf im Südwesten der Insel. Dort hört man mehr Englisch als Spanisch. Die Ausgehmeile heißt Punta Ballena. Es reiht sich ein Pub an den nächsten. In den Sommermonaten verursachen die Party-Urlauber dort in den Nächten regelrechte Fußgänger-Staus.

Regelmäßig liest man in den mallorquinischen Zeitungen auch von Party-Exzessen in Magaluf. Für den schlechten Ruf Magalufs wird hauptsächlich der

Reiseveranstalter *Carnage Magaluf* verantwortlich gemacht. Er hat sich auf junge britische Urlauber spezialisiert und bietet einen sehr ungewöhnlichen Pauschalurlaub an: Man kann schon zu Hause für umgerechnet 40 Euro einen Pass buchen, mit dem man vier Stunden lang in 20 Clubs gratis Alkohol bekommt. Nach eigenen Angaben lockt *Carnage* damit Nacht für Nacht bis zu 500 Partygäste in Magalufs Bars.

Auf der anderen Seite wartet Magaluf auch mit »Mallorca Rocks« auf – einem Hotel mit Veranstaltungsort, an dem so bekannte internationale Künstler und Bands wie Ed Sheeran, Franz Ferdinand oder Lilly Allen auftreten. Es gibt zudem den einzigen Café del Mar-Ableger außerhalb Ibizas. Auf den berühmten Sonnenuntergang vor dem Original an der Westküste Ibizas muss man auch in Magaluf nicht verzichten. Er wird jeden Abend auf einer Videowand ausgestrahlt. Es sind die Live-Bilder vom Café del Mar der Nachbarinsel.

Die Clubs in Magaluf

BCM Planet Dance, Eintritt: 30 Euro (alle Getränke inklusive) – Hier ist alles rekordverdächtig. 6000 Besucher passen rein. Zuckende Blitze, verblüffende Lichteffekte, eine atemberaubende Lasershow. Mit 65 000 Watt dröhnt die Musik aus den Boxen. Und die Stars unter den

DJs aus aller Welt legen hier auf. Szenegänger kommen sofort ins Schwärmen, wenn sie Namen wie Eddie Halliwell, Tim Westwood und Trevor Nelson hören. Bereits die Fassade mit ihren Wasserspielen und den goldenen Riesenbuchstaben BCM macht mächtig Eindruck. Auf drei Etagen wird die Stimmung nicht nur durch Tänzer und Akrobaten angeheizt. Jede Nacht gibt es auch Popcorn-, Schaum- und Wasserpartys. Sämtliche Getränke sind mit dem Eintrittspreis abgegolten. Es ist lediglich untersagt, mehrere Drinks gleichzeitig zu ordern, die Barmixer geben immer nur ein Getränk aus.

Banana Club, Eintritt: 20 Euro – Eine Diskothek mit Tradition. Seit 1980 lockt sie Nacht für Nacht Party-Urlauber an. Hier startete der mallorquinische DJ Sammy seine Karriere, die ihm bislang zehn Charthits in Europa beschert hat. Täglich wechseln die DJs, es gibt Schaumpartys und Live-Events. Kaum jemand kauft ein Abendticket, fast alle Gäste haben Drei-Tages- oder Wochentickets, die teilweise mit Freigetränken verbunden sind und auch den Eintritt zu vier weiteren Clubs in Magaluf ermöglichen.

Wirtschaft

Hoffnungsschimmer:
Die Arbeitslosigkeit lässt nach

Die europäische Wirtschaftskrise hat auch Mallorca schwer zu schaffen gemacht. Vor allem im Bausektor verloren viele Menschen ihre Arbeit. Im Vergleich zu anderen autonomen Regionen Spaniens stehen die Balearen aber noch recht gut da und haben offenbar auch die Talsohle durchschritten. Erstmals seit neun Jahren ist 2014 die Zahl der Arbeitslosen gesunken. Damit ist sie aber immer noch doppelt so hoch wie 2007.

Zum Jahresbeginn 2014 waren 92 125 Menschen auf den Balearen arbeitslos gemeldet. Das waren 4620 weniger als noch ein Jahr zuvor und entspricht einem Rückgang von fast 5 Prozent. Die Arbeitslosenquote wird in Spanien nicht ausgerechnet. Berechnet man sie aber ähnlich wie in Deutschland, liegt sie bei rund 25 Prozent. Ein großes Problem auf Mallorca ist, wie in ganz Spanien, die Arbeitslosigkeit unter Jugendlichen und jungen Erwachsenen. 10 028 Arbeitslose waren jünger als 25 Jahre.

Die meisten Arbeitslosen waren saisonbedingt im Tourismus-Sektor gemeldet: 42 223. Danach folgten der Bausektor mit 11 590, die Industrie mit 3422 und die Landwirtschaft mit 1417 Menschen, die Arbeit suchen.

Wo arbeiten die Mallorquiner?

63 % Tourismus
20 % Dienstleistungen
15 % Industrie und Bau
2 % Landwirtschaft

Made in Mallorca: Exportschlager

Noch nie haben balearische Firmen so viel exportiert wie 2013. Mehr als 800 Millionen Euro haben sie umgesetzt.

Schuhe – Exportschlager Nummer eins ist der Schuh, nach wie vor, seit Anfang des 20. Jahrhunderts. Allein 2013 wurden Schuhe im Wert von 100 Millionen Euro ins Ausland geliefert. Die Deutschen sind Hauptabnehmer, gefolgt von Briten und Franzosen.

Felle und Leder – Auf Platz zwei der Exportschlager stehen Felle und reines Leder zur Weiterverarbeitung. Die Sparte verliert aber Jahr für Jahr an Bedeutung.

Transport – Trotz Krise halten sich Unternehmen gut am Markt, die Boote und Zubehör exportieren. Mehr als 70 Millionen Euro haben die mallorquinischen Nautikfirmen mit dem Verkauf ins Ausland verdient. Ihnen folgt schon gleich der Exportschlager Autos. Richtig, es gibt keine einzige Autofabrik auf der Insel. Aber es gibt rund 35 000 Mietwagen. Die werden nach einer Saison ausgemustert. Dann wandern sie ins Ausland und werden dort als gebrauchte EU-Reimporte verkauft. Im Herbst, wenn die meisten Urlauber Mallorca verlassen haben, sieht man häufig ganze Kolonnen von beladenen Kfz-Transportern Richtung Fährhafen in Palma fahren.

Parfüm – Der Duft von Mandeln hat dafür gesorgt, dass Parfüms »made in Mallorca« auf dem fünften Platz der Exportschlager landen. Denn der Duft *Flor d'Ametler* (deutsch: Mandelblüte) wird millionenfach in alle Welt verschickt. Hergestellt wird das Parfüm von dem kleinen Familienbetrieb *Rover*. Dessen Parfümwerkstatt zwischen Palma und Son Ferriol kann man nach Voranmeldung besichtigen.

Wein, Öl, Kartoffeln – 2013 bestellten ausländische Kunden Wein für 25 Millionen Euro. *Hierbas* und Olivenöl können ebenfalls jedes Jahr immer wieder ihren Umsatz steigern. 2013 wurden 200 000 Liter Öl exportiert. Aber nichts hat solch einen guten Lauf wie die mallorquinische Kartoffel. Vor allem Briten und Skandinavier sind ganz verrückt auf *patatas*, die aus dem Boden von Sa Pobla kommen. Für zehn Millionen Euro haben die Bauern 2013 die Knolle ins Ausland verkauft und damit ihren Umsatz in nur einem Jahr glatt verdoppelt.

Johannisbrotbaumsamen – Ein ungewöhnlicher Export-Newcomer wächst auf Mallorcas Johannisbrotbäumen. In schlechten Zeiten wurden die Samen als Kaffeeersatz genutzt, in besseren dienten sie als Viehfutter. Seit einiger Zeit stellt das kleine Unternehmen *Carob* mit 27 Mitarbeitern in Marratxí daraus Johannisbrotkernmehl her. Das ist ein Bio-Produkt, das die Lebensmittelindustrie als natürliches Verdickungsmittel für Gelee, Milchmixgetränke, in Konserven und Konfitüren benutzt. Es ist überall drin, wo E410 draufsteht. *Carob* verkauft für rund zehn Millionen Euro im Jahr Johannisbrotkernmehl in alle Welt.

Import

Besondere Aufmerksamkeit erhielt der Import von Abfall aus Italien und Irland: Die hochmoderne Müllverbrennungsanlage in Son Reus wird durch die Abfälle der Inselbewohner und -besucher nicht ausgelastet. 2007 wurde die Kapazität der Müllverbrennungsanlage sogar verdoppelt. Der Import von fremden Abfällen führte zu großen Diskussionen zwischen Einwohnern und Regierung.

Berühmte Etiketten: Mallorquinische Marken

Beim spanischen Patent- und Markenamt OEPM sind fast 16000 Labels registriert, deren Firmen auf den Balearen sitzen, rund 90 Prozent davon sind auf Mallorca heimisch. Die allerwenigsten haben sich aber tatsächlich auf dem Markt durchgesetzt. Die älteste Marke gehört zu einer Niederlassung der Versicherung AXA in Palma und stammt aus dem Jahr 1920. Heute lässt sich nicht mehr zurückverfolgen, was hinter dieser Marke steckte.

Camper – Der Weltmeister unter den mallorquinischen Marken ist *Camper*. Vier Millionen Paar Schuhe werden jedes Jahr verkauft. 1975 wurde der erste Schuh mit dem Namen *Camaleon* gefertigt. Lorenzo Fluxà hatte eine stillgelegte Schuhfabrik gekauft und wollte eine alte Familientradition neu beleben. Die Fluxàs stellen seit 1887 Schuhe her, ihnen gehört unter anderem die Marke *Lotusse*. Lorenzo orientierte sich bei seinen Schuhen aber an denen der einfachen mallorquinischen Bauern. Genau wie die *camper* – das bedeutet Bauer auf *mallorquí* – nutzte er als Material für seine Schuhe abgefahrene Gummi-reifen, Lederreste und Sackleinen. Das ungewöhn-liche Design mit meist abgerundeten Ecken tat sein Übriges, und innerhalb von wenigen Jahren wurden die Schuhe Kult in Europas Metropolen. 1992 eröff-nete Fluxà die ersten Geschäfte außerhalb Spaniens, acht Jahre später startete er den Verkauf auf der gan-zen Welt. *Camper*-Schuhe werden heute zum Groß-teil in Asien und Afrika gefertigt. Fluxàs kreatives Team kümmert sich längst nicht mehr ausschließlich um Schuhe, sondern spielt mit anderen Ideen, die den Markennamen *Camper* tragen könnten. Aus der jüngsten wurden zwei Boutique-Hotels in ebenso ungewöhnlichem Design wie die Schuhe, *Casa Cam-per*. Eines steht in Barcelona, das zweite in Berlin.

Quely – Jedes Kind kennt sie, jeder Mann, jede Frau. Was *Tempo* in Deutschland für Taschentücher ist, das ist *Quely* in Spanien für Kekse. Es gibt vermutlich keinen Supermarkt im ganzen Land, der die Cracker nicht führt. Bereits 1853 sollen die ersten Kekse ge-backen worden sein, damals noch in Palma. Den Na-men *Quely* bekamen sie aber erst rund 100 Jahre spä-ter. Angeblich soll die amerikanische Schauspielerin Grace Kelly, spätere Fürstin von Monaco, die mallor-quinischen Keksbäcker inspiriert haben. Seit 1934 steht die Keksfabrik in Inca. Es gibt inzwischen zahl-reiche Sorten, aber das Original wird noch immer

143

aus den gleichen Zutaten wie vor anderthalb Jahrhunderten gebacken: Weizen, Sonnenblumenöl, Hefe, Olivenöl und Meersalz. Wenn die Fabrik ihre Öfen anwirft, dann riecht oft die ganze Stadt nach *Quelys*. Nach wie vor ist das Unternehmen in mallorquinischer Familienhand. Zahlen zu Umsatz oder Produktion werden ebenso gut gehütet wie die Rezepte.

Suau – Mallorcas edelster Brandy. Juan Suau bereiste als Kapitän von Mallorcas zweitem Dampfschiff fast die ganze Welt und ließ sich 1845 auf Kuba nieder. Dort baute er eine Schnapsfabrik, in der er in erster Linie Rum brannte. Sechs Jahre später verliebte er sich in eine junge Mallorquinerin, zerlegte seine Schnapsfabrik in ihre Einzelteile und kehrte auf seine Heimatinsel zurück, um sie dort neu aufzubauen. Weil ihm auf Mallorca der Grundstoff Zuckerrohr für Rum fehlte, sattelte er auf Brandy um, der aus Trauben erzeugt wird. Sein Schiff *El Mallorquín* ist noch heute auf dem Logo der Brennerei zu sehen. Und noch heute wird der Brandy in der Bodega in Marratxí in alten Eichenholzfässern gelagert. Nur rund 30 000 Liter können pro Jahr produziert werden. Das macht den *Suau* relativ teuer. Der älteste Brandy aus dem Hause *Suau*, der *Reserva*, ist 50 Jahre alt. Eine Flasche davon kostet 87 Euro.

Flor de Sal d'Es Trenc – Bereits Römer und Phönizier haben am Es Trenc-Strand Salz abgebaut. Aber erst eine Schweizerin machte daraus eines der bekanntesten Salze Europas. Seit 2003 schöpft Katja Wöhr in den Salinen hinter Es Trenc die Blumen des Salzes ab, das *Flor de Sal.* Gemeinsam mit dem Engländer Marc Fosh, einem der besten Köche der Insel, kreierte sie verschiedene Geschmacksrichtungen. 150 000 Dosen Salz verkauft sie inzwischen pro Jahr. Viele Spitzenköche arbeiten ausschließlich mit diesem Salz. Man findet die edlen Dosen sogar in Feinkostläden und Delikatessengeschäften außerhalb Europas. *Flor de Sal* zählt zu einem der beliebtesten Mitbringseln der Mallorca-Urlauber.

Limsa Ron Amazona – Dieser Rum steht in jeder mallorquinischen Bar. Er wird gewöhnlich auch in einen *carajillo* gegeben, den beliebten Espresso mit Schuss. *Amazona* ist ein süßer Rum mit 53 Prozent Volumenalkohol und schmeckt ein wenig nach Schokolade und Karamell. Seit 1982 wird er in der Destillerie *Limsa* in Marratxí gebrannt. Obwohl die Marke mit gut 30 Jahren noch recht jung ist, kennt sie jeder auf der Insel.

Laccao – Kakao aus der mallorquinischen Molkerei *Agama*. Wird nur auf der Insel vertrieben, aber dort in allen Supermärkten. Im Rest Spaniens kennt man ihn nicht. Es gibt ihn seit 1958, viele Mallorquiner haben ihn von Kindesbeinen an getrunken. Wer von ihnen inzwischen nicht mehr auf der Insel lebt und ankündigt, demnächst einen *Laccao* zu trinken, der will damit sagen, dass er in Kürze seiner alten Heimat Mallorca einen Besuch abstatten wird.

Angel d'Or – Eine der jüngsten Marken der Insel, die sich erstaunlich schnell durchgesetzt hat. Diesen Orangenlikör gibt es erst seit 2006 – und doch findet man ihn auch in zahlreichen Supermärkten außerhalb Spaniens. Er wird ausschließlich aus Orangen hergestellt, die im Tal von Sóller gepflückt wurden. An der Kirche von Sóller ist ein Engel zu sehen, der als Inspiration für die Namensgebung des Likörs und die Gestaltung des Etiketts gedient haben soll. *Angel d'Or* heißt übersetzt »Goldener Engel«.

Fischers Fernando fischt frische Fische

Man zählt genau 122 Fischarten einschließlich der Meeresfrüchte in den Gewässern rund um die Insel. Rund 1000 Berufsfischer machen Jagd auf sie. Die meisten Fischer arbeiten für kleinere Familienunternehmen mit zwei oder höchstens drei zwischen fünf und zwölf Meter langen Booten, die *llaüt* genannt werden. An Bord dieser Schiffe wird noch traditionell gefischt, in zwanzig bis sechzig Metern Tiefe, meist mit Netzen.

Die größeren Fischkutter nennt man *bous*. Sie weisen eine Länge bis zu 24 Metern auf und arbeiten mit drei verschiedenen Fangmethoden. Viele ziehen große Schleppnetze in einer Tiefe zwischen 50 und 1000 Metern über den Meeresgrund. Diese Fangmethode nennt man *arossegament*. Sie ist umstritten. Etwa zehn Boote im Fischereihafen von Palma arbeiten mit Licht. Sie fahren nachts hinaus und ziehen mit ihren starken Scheinwerfen ganze Schwärme an, die sie dann mit Netzen umkreisen. Diese Methode heißt *encerclament*. Beim *palangre* sind an einer langen Schnur zig Angelhaken mit Ködern befestigt. Dabei werden direkt unter der Wasseroberfläche hauptsächlich größere Fische erbeutet. Nur fünf Boote arbeiten in Palma auf diese Art und Weise.

Was die Boote der balearischen Fischfangflotte fangen, reicht bei weitem nicht aus. Sie liefern nur ein Fünftel des Fisches, der auf Mallorca und den Nachbarinseln verzehrt wird.

Die Seeleute erhalten traditionell keinen festen Lohn. Wenn zum Ende der Woche abgerechnet wird, erhält der Bootseigner die Hälfte des Gewinns. Den Rest teilt sich die Mannschaft – je nach Rang und Aufgabe an Bord. Das Gehalt liegt über dem spanischen Durchschnitt, die Arbeit ist jedoch sehr hart.

Zwölf Stunden arbeiten sie pro Tag – exakt von 5 bis 17 Uhr, wie es das Fischereigesetz vorschreibt.

Der Fisch, der um 17 Uhr entladen wird, kommt am nächsten Morgen in den Verkauf. Der größte Teil davon wandert zur Fischereibörse im Hafen von Palma. Um fünf Uhr morgens startet dort die elektronische Versteigerung. Jeder Interessierte darf sich unter die Verkäufer, Großhändler und Köche mischen und das Schauspiel verfolgen.

Mallorca-Fisch in Zahlen

390 Schiffe der Fischfangflotte der Balearen

ca. 3500 Tonnen Fang pro Jahr in balearischen Gewässern

60 % Fang durch Schleppnetze *(arossegament):* Garnelen, Seehecht, Seeteufel, Kaiserhummer, Scampi, Blauer Wittling

20 % Fang durch Ringnetze *(encerclament):* Sardelle, Sardine, Seriolafisch, Bastardmakrele, Gelbstriemen

18 % Fang durch traditionelle Methode *(llaüt):* Goldmakrele, Petersfisch, Languste, Drachenkopf, Sägebarsch, Tintenfisch, Gewöhnlicher Krake, Sepia, Seriolafisch, Weißgrundel

2 % Fang per Angelschnur *(palangre):* Großer Thunfisch, Schwertfisch

21 Millionen Euro Jährlicher Umsatz durch Fischfang

0,25 % Anteil am Bruttosozialprodukt der Inseln

Weine der Insel: Erfolg nach lausigen Zeiten

Das Schicksalsjahr für den mallorquinischen Wein war 1891. Da wütete die Reblaus auf der ganzen Insel und machte das wichtigste Exportgut der Mallorquiner mit einem Schlag zunichte. In ganz Europa hatte man zuvor den Wein getrunken, selbst bei Hofe in Paris wurde er ausgeschenkt. Die süße *Malvasia*-Traube war so bekannt und beliebt wie Madeira-Wein. Damals waren 33 000 Hektar auf der Insel mit Rebstöcken bepflanzt, die Trauben für 75 Millionen Liter Wein lieferten. Mehr Wein als im gesamten Rest des heutigen Spaniens zusammen. Und fast zwanzigmal so viel wie heute, wo die mallorquinischen Winzer pro Jahr etwa vier Millionen Liter produzieren.

Wein war früher überlebenswichtig: Allein in Palma waren im 15. Jahrhundert 156 Keller registriert. Und da war der Weinanbau schon fast zwei Jahrtausende alt. Dass die Römer auf der Insel Wein angebaut haben, ist verbürgt. Der römische Gelehrte Plinius erwähnte im ersten Jahrhundert nach Christi Geburt, dass man Tausende Amphoren mallorquinischen Weins importiert habe. Es gibt allerdings Vermutungen, dass bereits die Phönizier Jahrhunderte zuvor die ersten Reben gepflanzt haben sollen.

Rosinen statt Wein

Klar ist jedenfalls: Unter der arabischen Herrschaft wurden mehr und mehr Weinberge angelegt. Die Trauben wurden allerdings zu einem großen Teil als Obst gegessen und zu Rosinen verarbeitet, die in der arabischen Küche eine große Rolle spielen.

Die Bedingungen auf Mallorca sind für Weinreben sehr gut. Die Winter sind nicht extrem kalt und relativ kurz und können so den frostempfindlichen Weinstöcken nicht viel anhaben. Die Sommer sind heiß, die mallorquinische Sonne liefert den Trauben genau zur richtigen Zeit das, was sie brauchen, um Süße und Zucker zu entwickeln, der später in Alkohol umgewandelt wird. Dazu kommen sehr kalkhaltige Böden, in denen sich Weinstöcke wohl fühlen.

Mit Gütesiegel

Heutzutage werden Qualitätswein und Landwein auf der Insel gekeltert. Qualitätswein bedeutet: Die Weine kommen aus zwei speziellen Gebieten, die ein Gütesiegel tragen dürfen. Aus dem Anbaugebiet *D. O. Binissalem* in der Inselmitte mit 420 Hektar Weinbergen oder dem Anbaugebiet *D. O. Pla i Llevant* im Osten mit 220 Hektar Größe. Das größte Anbaugebiet ist *Vi de la terra Mallorca* mit 630 Hektar – einfach übersetzt mit »Mallorquinischer Landwein«. Er wird von vierzig Weingütern hergestellt.

D. O. Binissalem

14 Weingüter
419,74 ha Anbaufläche
2 861 739 kg Traubenernte
18 660 hl Wein

D. O. Pla i Llevant

15 Weingüter
221,46 ha Anbaufläche
1 547 516 kg Traubenernte
10 535 hl Wein

Vi de la terra Mallorca

40 Weingüter
629,55 ha Anbaufläche
3 109 361 kg Traubenernte
19 420 hl Wein

Vi de la terra Serra de Tramuntana

3 Weingüter
3,37 ha Anbaufläche
19 643 kg Traubenernte
131 hl Wein

Vi de la terra Illes Balears

2 Weingüter
1,74 ha Anbaufläche
14 148 kg Traubenernte
93 hl Wein

Wein mit schwarzer Seele

Qualitätswein bedeutet wiederum nicht automatisch, dass die Qualität dieser Weine höher ist als die der Landweine. Das Gegenteil ist oft der Fall. Die Winzer der typischen Landweine sind nicht an die engen Regeln gebunden, die das Gütesiegel verlangt. Deshalb können sie mit Verschnitt und Sorten, mit Anbau und Ernte viel experimentieren.

Als einer der besten Weine der Insel gilt schon lange der *Ànima negra*, übersetzt: Schwarze Seele. Ein paar Freunde hatten 1994 die Idee, Wein aus der uralten mallorquinischen Sorte *Callet* zu keltern. Aus dem Hobby wurde ein Geschäft, der Wein wird von der Fachwelt in den Himmel gelobt. Für den AN der besonders guten Jahrgänge zahlen Kenner rund 250 Euro pro Liter.

Die Geschichte des *Ànima negra* ist nur beispielhaft für das Comeback des mallorquinischen Weins allerhöchster Qualität. Viele junge Winzer haben den lange ramponierten Ruf des Inselweins inzwischen wiederhergestellt. Neu-Traditionalisten nennen sie sich. Sie nehmen alte, traditionelle Rebsorten als Grundlage; Trauben, die nur auf der Insel wachsen, wie *Manto negro* oder *Callet*. Und die verschneiden sie dann mit *Cabernet*, *Merlot* oder *Syrah*.

Und Weißwein?

Der spielt eine kleinere Rolle auf der Insel. Aber auch hier gilt: Die reinen Inseltrauben wie *Prensal* werden mit bekannten Sorten geschnitten. Die Faustregel: Rund die Hälfte des mallorquinischen Weins ist rot, etwa 30 Prozent weiß. Jede fünfte Flasche wird auf der Insel mit Roséwein gefüllt. In den sechziger Jahren, als viele Mallorquiner nur für die eigene Familie produzierten, wurden fast alle Trauben für Roséweine genutzt, die lange Zeit verpönt waren. Inzwischen steigt die Menge des produzierten Roséweins pro Jahr um bis zu 30 Prozent.

Wein in Zahlen (Stand 2013)

316 ha Anbaufläche Weißwein
959 ha Anbaufläche Rotwein
1 999 688 kg Erntemenge Weißwein
5 552 720 kg Erntemenge Rotwein
15 350 hl Produktion Weißwein
24 702 hl Produktion Rotwein
8787 hl Produktion Roséwein

32 342 hl Verkauf auf Balearen
667 hl Verkauf an spanisches Festland
6342 hl Verkauf in Europäische Union
1904 hl Verkauf in Drittländer

Das Gold wächst an den Bäumen

90 Prozent der Olivenbäume auf der Insel stehen dort seit mehr als 500 Jahren – einzelne haben ein biblisches Alter von 1500 Jahren. Dass sie oft so knorrig sind, miteinander verwachsen, dass sie sich umschlingen, liegt an der uralten Art und Weise, neue *olivars* anzulegen, neue Olivenhaine. Um sie besser vor Wind zu schützen, pflanzten die Mallorquiner zwei oder drei junge Bäume direkt nebeneinander. So konnten sie sich gegenseitig Halt geben.

Seit der Zeit der Phönizier liefert Mallorca Öl in die Länder des Mittelmeerraums. Im 19. Jahrhundert war es neben dem Wein die wichtigste Einnahmequelle der Insulaner. Die Erfolgsgeschichte des alten Exportschlagers endete erst in den Zeiten der Europäischen Union. Das Öl der Insel hatte laut den Experten aus Brüssel zu viel Säure, es entsprach nicht mehr den Europäischen Normen. Also durfte es nur noch auf Mallorca selbst verkauft werden.

Das änderte sich erst im Jahr 2002. Die Regierung in Palma erfand das Gütesiegel »Oli de Mallorca«

und setzte damit Maßstäbe für ein Öl, das auch wieder den Europäischen Normen entspricht. Die Olivenbauern müssen ihr Öl dafür eingehend auf Geschmack, chemische Zusammensetzung und Aussehen prüfen lassen. Nur drei Olivensorten sind dafür zugelassen: *Arbequina*, *Picual* und *Mallorquina*, die Sorte, die dem Öl den typischen Geschmack der Insel verleiht. Der Säuregehalt darf nicht höher als 0,8 Prozent sein. Damit wird nicht etwa säuerlicher Geschmack gemessen, sondern der Anteil der freien Fettsäuren.

»Oli de Mallorca« in Zahlen

790 Anbaubetriebe

1784 ha Anbaufläche

146 397 Bäume der Sorte Mallorquina

143 897 Bäume der Sorte Arbequina

51 208 Bäume der Sorte Picual

341 502 Olivenbäume insgesamt

2 100 242 kg Olivenernte 2013

337 062 l Olivenöl insgesamt

168 100 l Olivenöl höchster Qualität

147 075 l Verkauf auf Balearen

10 034 l Verkauf an spanisches Festland

15 867 l Verkauf in Europäische Union

10 441 l Verkauf in Drittländer

Die Windmühlen der Insel

Wer zum ersten Mal auf dem Flughafen landet, dem fallen sie schon aus der Luft auf: Direkt vor der Landebahn stehen unzählige Windmühlen. Die wenigsten davon sind noch in Betrieb, sie sind aber eines der markantesten Wahrzeichen der Insel in dieser »Landschaft des Windes«, wie das Tal früher genannt wurde. Mallorca ist Vize-Weltmeister in Sachen Mühle, nur Kreta hat eine höhere Mühlendichte. Der Verein der mallorquinischen Mühlenfreunde, die *Asociación de Amigos de los Molinos de Mallorca*, hat 3308 Mühlen registriert. 2512 davon dienten als Wassermühlen. 796 Mühlen hatte man einst gebaut, um Getreide zu mahlen.

Die Blütezeit der Mühlen war im 17. Jahrhundert. Oliven wurden hier zu Öl gepresst, Getreide zu Mehl verarbeitet, Salz zu feinen Körnchen gemahlen. Sie waren damals das Rückgrat der mallorquinischen Wirtschaft. Nach einem ausgeklügelten System wurden Bergkämme und Erhöhungen in den Dörfern für den Bau der Mühlen genutzt. Zweihundert Jahre später setzte ein holländischer Ingenieur eine Idee aus seiner Heimat um. Er tauschte die Mahlsteine einer Getreidemühle gegen Zahnräder aus. Die übertrugen Windkraft über eine Kurbelwelle auf einen Hub und pumpten so große Mengen Wasser aus dem Boden.

Die Mühlen in der Ebene des heutigen Flughafens verwandelten so die riesigen Sumpfgebiete in landwirtschaftliche Nutzfläche. In den trockenen Gegenden passierte genau das Gegenteil: Die Mühlen holten Wasser bis zu einer Tiefe von 35 Metern an die Erdoberfläche und sicherten so die Bewässerung der Felder. Eine einzelne Mühle erzeugt bis zu 5000 Watt Energie. Pro Umdrehung des Rades werden bis zu 25 Liter Wasser gefördert. Bei günstigem Wind kommen so jede Minute 480 Liter Wasser aus dem Erdreich.

Die meisten Mühlen stehen auf Palmas Stadtgebiet (1148). In Campos findet man 660 Mühlen, in Sa Pobla 311. Kein einziges Dorf auf der Insel ist ohne Mühle. Der Verein der Mühlenfreunde sammelt Geld für die Restaurierung. Die Balearenregierung versucht, das Know-how in Sachen Mühlen-Erhaltung an jüngere Handwerker zu vermitteln. Deshalb hat sie 1993 die Schule *Fodesma* gegründet. In einer Halle des alten Flughafens Son Bonet sind ihre Werkstätten untergebracht. Bislang hat *Fodesma* 73 Windmühlen restauriert.

In fünf Mühlen sind Restaurants eingezogen, die sich großer Beliebtheit erfreuen: *Molí d'es Torrent* in Santa Maria del Camí, *Sa Farinera* gleich neben dem Flughafen, *Molí d'en Pau* in Sineu, *Molí de Vent* in Campos und *Molí d'es Pou* in Palma.

Exportschlager Gastfreundschaft: mallorquinische Hotelketten

Heute sind Hotels der Motor der mallorquinischen Wirtschaft. 556 Häuser zählte man im Jahr 2013. Die meisten davon waren Drei-Sterne- (258) und Vier-Sterne-Hotels (179). 25 Hotels schmückten sich mit fünf Sternen, vier weitere zählten zur Fünf-Sterne-Plus-Kategorie, gehören also nach internationalem Maßstab zu Häusern mit gehobenem Luxus.

Niemand auf der Insel hat so viel Macht wie die Hoteliers. So gut wie keine wichtige politische Entscheidung wird gegen den Willen der mächtigen Hotelbesitzer getroffen. Was passiert, wenn man sich die Hoteliers zum Feind macht, erlebte der ehemalige Balearen-Präsident Francesc Antich. Mit seiner Koalition aus Grünen und Linken führte er 2002 die *ecotasa* ein, eine Öko-Abgabe. Im Schnitt mussten Touristen für jeden Urlaubstag einen Euro dieser Steuer bezahlen. Die Hoteliers waren per Gesetz verpflichtet, den Urlaubern die *ecotasa* zu berechnen und das Geld an den Staat abzuführen. An allen Fronten kämpften die Hotelbesitzer gegen die Touristensteuer. Als dann auch noch die Urlauberzahlen zurückgingen, wurden Antich und seine Koalition abgewählt. Erste Maßnahme der neuen konservativen Regierung war die Abschaffung der *ecotasa*.

Viele Hotels und selbst die großen Ketten sind nach wie vor in Familienbesitz. Barceló und Riu sind tatsächlich auch die Familiennamen der Gründer gewesen. Deren Enkel und Urenkel sitzen noch heute in den Aufsichtsräten der Milliarden-Konzerne. Simón Pedro Barceló beispielsweise ist auch Vorsitzender der mächtigen Vereinigung der spanischen Hotelketten. Auch seine Stellvertreterin kommt von der Insel. Margalida Ramis ist die Präsidentin der Grupotel-Kette. Nirgendwo in Spanien sitzen so viele Zentralen von Hotelketten. Sie bestimmen von Palma aus über 798 Hotels in der ganzen Welt.

Hotelgiganten in Zahlen

Meliá: 365 Hotels in 40 Ländern auf vier Kontinenten, die meisten in Spanien, Deutschland, Kroatien und der Karibik, Spaniens größte Hotelkette, weltgrößter Betreiber von Resort-Hotels

Barceló: 180 Hotels auf drei Kontinenten, die meisten in Spanien, an der mexikanischen Pazifikküste und in der Karibik

Riu: Mehr als 100 Hotels auf drei Kontinenten, die meisten in Spanien, in Zentralamerika und in der Karibik

Iberostar: 78 Hotels auf drei Kontinenten, die meisten in Spanien und der Karibik

Globalia: 39 Hotels der Marken Be Live und Luabay, alle in Spanien und der Karibik, außerdem Besitzer der internationalen Fluggesellschaft Air Europa

Piñero: 30 Hotels, zwei davon auf Mallorca, der Rest in der Karibik

Saint Michel: 21 Hotels der Marke HSM, ausschließlich auf Mallorca

Vom Tellerwäscher zum Hotelkönig

21 Jahre alt war Gabriel Escarrer Juliá, als er im Jahr 1956 das Hotel Altair in Palma mietete, um es auf eigene Faust zu betreiben. Damit legte er den Grundstein für die größte Hotelkette Spaniens und den größten Betreiber von Resort-Hotels auf der ganzen Welt. Noch in den fünfziger Jahren übernahm er weitere Häuser auf der Insel. Überall setzte er einen Direktor an die Spitze, kontrollierte aber die Geschäfte von seiner Zentrale aus – damals ein Novum in Spanien. Das System war so erfolgreich, dass Escarrer es in den sechziger und siebziger Jahren auf Hotels der Kanaren und der drei anderen Balearen-Inseln ausweitete.

Die Achtziger machten schließlich aus der »Methode Escarrer« eine Weltmarke. Der Mallorquiner schluckte mit seiner Gruppe, die sich inzwischen Hoteles Sol nannte, einen Konkurrenten nach dem anderen, 1984 wurde er Marktführer in Spanien. Drei Jahre später fusionierte er mit der Gruppe Meliá und war damit auf einen Schlag in Lateinamerika, in der Karibik und in verschiedenen Ländern Europas vertreten.

Heute beschäftigt die Sol Meliá-Gruppe in ihren

365 Hotels mehr als 35 000 Mitarbeiter und macht einen Jahres-Umsatz von 1,351 Milliarden Euro (2007). Seit 1996 ist das Unternehmen eine Aktiengesellschaft, deren Papiere an der Börse in Madrid gehandelt werden. Nach wie vor besitzt die Familie Escarrer 61 Prozent der Aktien. Nach wie vor ist Palma der Unternehmenssitz. Und nach wie vor heißt der Chef Gabriel Escarrer Juliá.

Finca, Villa, Ferienwohnung

14 Prozent aller Wohnungen und Häuser auf Mallorca werden an Ausländer verkauft, die meisten davon an Deutsche. Das sind keine Schätzungen von Immobilienmaklern – diese Zahlen sind amtlich. Die spanische Notarkammer veröffentlicht sie. Beliebteste Orte der ausländischen Käufer waren Deià, Sóller, Pollença, Artá, Capdepera und Port d'Andratx.

Immobilienkäufer aus dem Ausland (Stand 2013)

1. **Deutsche** (37 % aller ausländischen Käufer)
2. **Briten** (18 %)
3. **Schweden** (5,72 %)
4. **Franzosen** (5,64 %)
5. **Italiener** (5,1 %)

Die vier teuersten Villen

1. Sa Fortalesa, Port de Pollença, 40 Millionen – 1628 gebaut, um Pollença vor den Barbaren zu schützen. Die alte Festung liegt auf einer Landzunge, die weit in die Bucht von Pollença hineinragt. Hohe Mauern umfassen fast 90 000 Quadratmeter Grundstück. Auf 1500 Quadratmetern Wohnfläche findet sich Luxus pur. Wer den Luxus im Freien genießen will, muss sich zwischen einem Sonnenplatz auf 1400 Quadratmetern Terrasse oder einem Schattenplätzchen im Garten (1000 m²) entscheiden. Hoch oben über dem Wasserspiegel thront *Sa Fortalesa*: im Rücken Cap Formentor, im Westen die Strände des Ferienortes Pollença, im Osten das offene Mittelmeer und gegenüber im Süden die Halbinsel Alcanada. Der Traumblick der einmaligen Location lockte im Sommer 2013 ein deutsches Filmteam an, um hier mit Wotan Wilke Möhring und Julia Jentsch die Kino-Romanze »Da muss Mann durch« zu drehen. Besitzer der Immobilie, die einmal als die teuerste der Welt galt, soll ein britischer Geschäftsmann sein. Er hat *Sa Fortalesa* im Juli 2011 für umgerechnet rund 40 Millionen Euro gekauft – und das war ein echtes Schnäppchen. Noch drei Jahre zuvor stand auf dem Exposé für die Landzunge samt Festung noch der stolze Preis von 125 Millionen.

2. Chamäleon-Haus, Son Vida bei Palma, 35 Millionen – Dieses Haus steht in Son Vida, dem noblen Villenviertel auf einem Hügel direkt bei Palma, und wechselt die Farbe ganz nach Geschmack und Laune des Besitzers. Weit mehr als die Hälfte der Fassade besteht aus Glas, das mit LED-Lampen bestückt ist. Die Technik ist hochmodern, lässt die Villa mal in zartem Blau, dann wieder in leuchtendem Rot erscheinen. Sogar Nebel kann das System simulieren. Man sieht die beleuchtete *Casa Camaleón* von Palmas Kathedrale aus – und umgekehrt soll der Blick auch nicht von schlechten Eltern sein. 6500 Quadratmeter Grundstück und 2400 Quadratmeter Fläche geben Klaustrophobie keine Chance. Besondere Gimmicks: Aus dem Pool erhebt sich per Knopfdruck eine hydraulische Tanzfläche. Die erreicht man über einen Glasaufzug. Und damit der Hausbesitzer seinen Porsche oder Ferrari nicht aus den Augen verliert, ist vom Wohnzimmer aus ein direkter Blick in die verglaste Garage möglich. Vier Suiten, Erlebnisduschen, Bibliothek, Bodega und ein Kino dürfen in dieser Preisklasse natürlich nicht fehlen. Einziger Schönheitsfehler: Der Verkauf dieser Traum-Immobilie verläuft aktuell eher schleppend.

3. Villa Colani, Nova Santa Ponça, 17 Millionen – Laut Forbes-Liste war die *Villa Colani* viele Jahre das teuerste Haus ganz Spaniens. Der adoptierte Fürst und frühere Fernsehmakler Karl-Heinz Richard von Sayn-Wittgenstein hat sie bauen lassen. Im Mai 2009 bezog er die Villa gemeinsam mit seiner Frau, seitdem sucht er einen Käufer. Zu den Fakten: Mehr als 1000 Quadratmeter Wohnfläche, fünf große Schlafzimmer inklusive eigener Ankleidezimmer und Badezimmer samt Jacuzzi. Selbstverständlich gibt es ein Appartement mit eigenem Eingang für die Hausangestellten. Ein entsprechend dimensionierter Pool ist Standard – und als Dreingabe findet man einen Außenfahrstuhl für die obere Etage. Die Garage bietet Platz für einen standesgemäßen Fuhrpark. Angeblich passen dort acht Limousinen rein.

4. El Cielo, Bonaire bei Alcúdia, 50 Millionen – *Cielo de Bonaire* – Himmel von Bonaire. Auf der höchsten Erhebung dieser exklusiven Urbanisation steht eine Villa wie aus einem Disney-Film. Die Anreise erfolgt am bequemsten aus der Luft, selbstverständlich mit Landung auf dem eigenen Heli-Port. Das Haus selbst geizt mit knapp 3000 Quadratmetern Wohnfläche nicht mit Platz. In acht Suiten mit neun Schlafzimmern kann man sich sein Bettchen aussuchen. Von der Mastersuite aus hat man Zugang zum exklusiven Dachgarten. Dort gibt es nicht nur einen schicken Holzpavillon, sondern auch einen Teich. Der Rest der Bewohner muss ebenerdig auf 15 000 Quadratmetern Außenanlage die Freiluft genießen. Tropische und subtropische Pflanzen, eine Tennisanlage in Turniergröße mit automatischen Netzen und ein beheizter Pool unterstützen das Wohlergehen. Für die frischeren Tage gibt es Hallenbad, Sauna, Fitnessräume und Jacuzzi. Das wahrscheinlich einzige Problem dieser Immobilie: Niemand mochte sie bislang für den Preis von 50 Millionen kaufen. Der Makler, dem dieser Verkauf gelingt, kann sich jedoch anschließend ganz entspannt zur Ruhe setzen.

Die große Lust der Mallorquiner am Einkauf

Mallorquiner lieben das Einkaufen. Keine Schlange an der Kasse ist ihnen zu lang, um nicht trotzdem noch einen Schwatz mit der Kassiererin zu halten. Denn die ist in häufigen Fällen eine angeheiratete Cousine oder noch nähere Verwandte. Das Phänomen dabei: Niemand beschwert sich darüber, keiner klagt oder drängelt.

Einkaufen ist für den Mallorquiner nicht nur Warenerwerb – so wie Essen für ihn ja auch viel mehr als nur Nahrungsaufnahme ist. Einkaufen gehört zu den schönsten Dingen des Alltags. Einkaufen, das ist: Rausgehen, Leute treffen, Neues erfahren, Ärger loswerden – alles auf einen Streich, alles während des Einkaufsbummels.

Die Outdoor-Variante

Die Lust am Einkaufen kann noch gesteigert werden, und diese Steigerung findet unter freiem Himmel statt. Sie nennt sich Wochenmarkt. Märkte sind keine Erfindung für Touristen, wie man im Sommer glatt meinen könnte. Märkte könnten eine Erfindung der Mallorquiner für sich selbst sein. Sie lieben Märkte noch mehr als Supermärkte. Tatsächlich werden auf dem Markt auch noch Grundstücksgeschäfte vereinbart und Verkäufe von Äckern ausgehandelt. Es werden Schafe und Schweine ge- und verkauft. Lebende. Wie seit Jahrhunderten. Wer das erleben will, der muss sehr früh aufstehen. Der Tierhandel ist vorbei, sobald die Sonne richtig aufgegangen ist.

Mallorcas Wochenmärkte

An jedem Tag kann man auf Mallorca von 9 bis 13 Uhr einen anderen Markt besuchen:

Montag: Biniamar, Caimari, Calvià, Cala Figuera, Cala Millor, Lloret de Vistalegre, Manacor, Montuïri, Mancor de la Vall

Dienstag: Artá, S'Alqueria Blanca, S'Arenal, Campanet, Can Pastilla, Es Pla de na Tesa, Paguera, Pina, Portocolom, Porreres, Santa Margalida

Mittwoch: Andratx, S'Arenal, Bunyola, sa Cabana, Capdepera, Cas

Concos, Llucmajor, Petra, Port de Pollença, Santanyí, Sa Ràpita, Selva, Sencelles, Sineu, Vilafranca de Bonany

Donnerstag: S'Arenal, Ariany, Calonge, Campos, Can Pastilla, Consell, Inca, Pòrtol, Ses Salines, Sant Joan, Sant Llorenç de Cardassar, Sa Torre

Freitag: Algaida, S'Arenal, Binissalem, Can Picafort, Llucmajor, Maria de la Salut, Es Pont d'Inca, Son Carrió, Son Ferrer, Cala d'Or, Son Servera

Samstag: Alaró, S'Arenal, S'Arracó, Badia Gran/Pedrafort, Búger, Bunyola, Sa Cabaneta, Cala Ratjada, Campos, Costitx, Es Llombards, Esporles, S'Horta, Lloseta, Portocolom, Sa Ràpita, Santa Eugènia, Santa Margalida, Santa Ponça, Santanyí, Sóller

Sonntag: Altstadt von Alcúdia, Felanitx, Inca, Llucmajor, Muro, Pollença, Porto Cristo, Santa Maria del Camí, Sa Pobla, Valldemossa

Die acht schönsten Märkte

Pollença – Der Markt und das wunderbare Städtchen mit seinen verwinkelten Gassen, der riesigen Dorfkirche und dem Kalvarienberg samt Treppe mit genau 365 Stufen sind eher britisch geprägt. Hier gibt es echtes Kunsthandwerk. Die Briten, die in Pollença leben oder dort Urlaub machen, gehören deutlich zu den Besserverdienenden – und deshalb leisten sie sich auch gerne das Besondere. Und sie verbreiten diese gewisse britische Lässigkeit. Da mag es am Markttag noch so voll und eng sein, Hektik kommt

167

nur selten auf. Allein der riesige Gemüsemarkt in der Mitte ist schon einen Besuch wert. Es gibt kaum einen schöneren Ort, als in einem der vielen Cafés am Rande des Platzes, wo man das Gewusel zwischen Gurken, Melonen und Honig beobachten kann. Der Markt findet jeden Sonntag statt.

Sineu – Seit mehr als 700 Jahren gibt es den Wochenmarkt in der Inselmitte. Fast das ganze Dorf ist mit Ständen zugepflastert. Viele wollen die Tiere sehen, die hier gehandelt werden. Die Gemeinde veranstaltet eine regelrechte Tierausstellung: Schafe verschiedenster Rassen, Ziegen, Schweine in hell und schwarz, Hühner in unterschiedlichen Größen und Farben, Esel, Pferde, Ponys, lebendige Wachteln und Kanarienvögel. Aber kaufen kann man außer Geflügel kein lebendiges Tier. Streicheln und Fotografieren ist jedoch ausdrücklich gestattet. In Sineu kann man tatsächlich auch mal ein Schnäppchen machen, aber inzwischen nehmen die Stände mit billigen Plagiaten einen immer größeren Anteil ein.

Artá – Der Markt von Artá ist genauso wie die Residenten, die dort leben. Exklusiv. Schmuck, Keramik, Einrichtungsdeko – alles ist hier ein wenig edler als anderswo. Gemüse und Obst gibt es wie überall, dazu auch noch eine kleine Markthalle. Rund um die Hauptstraße Carrer de Ciutat, einer Art Fußgängerzone, haben sich inzwischen eine Menge Geschäfte angesiedelt, deren Besuch sich auch lohnt, wenn kein Markttag ist. Sie ergänzen das schöne Angebot an Kunsthandwerk, das man auf dem Wochenmarkt findet. Sehenswert ist außerdem der Trödelmarkt an jedem ersten Sonntag des Monats.

Santanyí – In der südlichsten Gemeinde der Insel leben sehr viele Deutsche. Das traditionelle Mallorca trifft hier auf modernes Deutschland. Wer einen Werbespot für mediterranes Lebensgefühl drehen will, muss am Markttag nach Santanyí kommen. In den Cafés rund um die Stände trinkt man seinen *con leche* und bestaunt, was die Freunde von der Nachbarfinca Tolles gekauft haben – eine kleine Steinfigur für den Poolrand oder ein paar Pflanzen, die am Carport hochwachsen sollen. Man grüßt sich. Man kennt sich.

Alcúdia – Marktstände vor historischer Kulisse. Alcúdia hat in den vergangen Jahren seine Altstadt liebevoll saniert. Heute ist das Gebiet innerhalb der dicken, historischen Stadtmauern eine der schönsten *cascos antiguos* der Insel. Viele Besucher, die unter Alcúdia nur das rummelige Port d'Alcúdia kennen, sind erstaunt, wenn sie zum ersten Mal diesen wirklich schönen Ort entdecken.

Llucmajor – Wer mallorquinisches Leben entdecken will, ist hier genau richtig. Die wuchtige Plaça d'Espanya an der Kirche ist dabei Obst und Gemüse vorbehalten. Am Mittwoch steht sie im Mittelpunkt. Freitags, am zweiten Markttag, gibt es zusätzlich einen Flohmarkt. Wer alte Siphonflaschen sucht oder antike Uhren, verrostete Gartenhacken oder Türklinken aus dem vorigen Jahrhundert, kann hier in aller Ruhe stöbern.

Santa Maria del Camí – Ein echter Familienmarkt. Er ist riesengroß. Weil er immer sonntags stattfindet, trifft man hier sehr viele mallorquinische Familien. Das drückt offenbar die Preise, denn hier findet man immer wieder das eine oder andere günstige Angebot. Da der Markt bei Touristen sehr beliebt ist, sind aber auch zahlreiche Stände mit Souvenirs und gefälschter Ware aufgebaut.

Consell – Kein Obst, kein Gemüse, dafür aber jede Menge altes Zeug. In dem kleinen Nest zwischen Palma und Inca ist unter der Woche nie etwas los. Aber am Sonntag sieht man Tausende Mietwagen in den Ort rollen. Etwas außerhalb, in einem Gewerbegebiet Richtung Santa Maria, findet dort nämlich der größte Trödelmarkt Mallorcas statt. Längst haben sich aber auch Händler dort angesiedelt, die balinesische Schirme oder marokkanische Lampen, Liegestühle aus Teakholz oder tibetanische Gebetsfahnen anbieten. Ein schönes Sammelsurium aus alten Ölbildern und Langspielplatten aus den Sechzigern, verrostetem Bauernwerkzeug und alten Türen, antiken Kommoden und Uhren aus Opas Zeiten findet sich hier.

Das Hochamt der Einkaufslust

Der Markttag ist immer etwas Besonderes, in jedem Dorf. Auch wenn er sich jede Woche wiederholt. Zu diesem Einkaufserlebnis gibt es aber noch einen Superlativ. Und das ist die jährliche Messe, die *fira*. Eine *fira* ist wie ein Feiertag. Viele Orte, selbst kleine, haben einmal im Jahr ihre *fira*, auf der in erster Linie typische Produkte aus dem Dorf präsentiert und gehandelt werden. In Portixol gibt es die Töpfermesse in Llubí die Honigmesse, Caimari hat die Olivenölmesse, Selva eine Kräutermesse. Die größte *fira* der ganzen Insel übertrifft jedoch alles. Sie findet einmal im Herbst in Inca statt, immer am dritten Donnerstag im November. Ihr Name *Dijous Bo* (guter Donnerstag) ist Programm.

Zur Messe der Messen kommen die Massen. 200 000 Besucher sind es Jahr für Jahr. Die Autobahn ist dann bereits ab Palma nur noch im Schritttempo zu befahren, im Minutentakt karren Sonderzüge aus der Hauptstadt die Besucher nach Inca und wieder zurück.

Man sollte sich also nicht wundern, dass der größte Kreisel Incas, zwischen Autobahn und Stadt, von einem riesigen, eisernen Einkaufskorb geziert wird. Das hat durchaus seine Richtigkeit. Ein besseres Symbol für mallorquinische Shoppinglust gibt es nicht.

Erfolgreich Feilschen

Stufe 1: Zum Einstieg etwas mehr als ein Drittel des geforderten Preises anbieten. Dabei lächeln. Beispiel: Der Händler fordert 20 Euro für ein Handtaschen-Imitat. Sie bieten 8 Euro.

Stufe 2: Geht der Händler deutlich runter, müssen Sie nur wenig rauf. Beispiel: Der Händler will jetzt nur noch 13 Euro. Dann dürfen Sie ihm jetzt 10 Euro anbieten. Geht der Händler nur wenig runter – nur auf 19 oder 18 Euro – wird es schwierig für Sie. Sie sollten jetzt schon den Rettungsversuch starten.

Stufe 3: Jetzt müsste eine Einigung möglich sein. Beide geben ein wenig nach. Beispiel: Der Händler würde Ihnen die Tasche für 11,50 Euro oder 12 Euro geben, dann schlagen Sie ein. Dann sind Sie in etwa in der goldenen Mitte gelandet.

Der ultimative Rettungsversuch: Will überhaupt keine Einigung gelingen, dann zeigen Sie Ihr Bedauern, zucken mit den Schultern und sagen: »Die Tasche ist zu teuer für mich.« Wichtig sind die letzten beiden Worte. Die wirken oft Wunder. »Zu teuer für mich« heißt auf Spanisch: *Demasiado caro para mi!*

Alles wie zu Hause

Wen weder traditionelle Märkte noch Tierausstellungen reizen, muss sich auf Mallorca einkaufstechnisch nicht umstellen: 2014 kündigte Aldi Nord an, eine Filiale auf Mallorca eröffnen zu wollen. Der deutsche Discounter Lidl ist schon mit 14 Filialen auf der Insel vertreten.

Klima und Saisonales

Feuchte Luft und ganz viel Sonne

2983 Sonnenstunden hat das Meteorologische Institut der Balearen gezählt. Das Klima auf der Insel ist subtropisch und mediterran mit gemäßigten Temperaturen und durchgängig hoher Luftfeuchtigkeit. In Zahlen ausgedrückt, heißt das: Die Durchschnittstemperatur liegt in der Ebene bei 17 Grad. Rechnet man nur die Sommermonate, steigt das Quecksilber im Schnitt auf einen Höchstwert von 31 Grad. Selbst in den Nächten kühlt es dann nur selten unter 20 Grad ab. In den Bergen sind die Werte rund 10 Grad niedriger. Die Luftfeuchtigkeit fällt selbst in den Sommermonaten im Schnitt kaum unter 70 Prozent. In den Wintermonaten liegt sie immer über 80 Prozent.

Die Regenmengen sind sehr ungerecht verteilt. Laut Statistik fällt pro Quadratmeter Insel rund 550 Liter Regen im Jahr. In der Tramuntana sind es allerdings 1500 Liter, im trockensten Teil Mallorcas – im Süden rund um Llucmajor und Campos – nur rund 350 Liter

Das Durchschnittswetter
von 2009–2013

Januar: Luft: 5–15 Grad, Wasser: 14 Grad, tägliche Sonnenstunden: 5, Regenwahrscheinlichkeit: 28 %, Luftfeuchtigkeit: 82 %

Februar: Luft: 5–15 Grad, Wasser: 13 Grad, tägliche Sonnenstunden: 6, Regenwahrscheinlichkeit: 25 %, Luftfeuchtigkeit: 80 %

März: Luft: 7–18 Grad, Wasser: 14 Grad, tägliche Sonnenstunden: 7, Regenwahrscheinlichkeit: 20 %, Luftfeuchtigkeit: 77 %

April: Luft: 9–20 Grad, Wasser: 15 Grad, tägliche Sonnenstunden: 8, Regenwahrscheinlichkeit: 22 %, Luftfeuchtigkeit: 73 %

Mai: Luft: 13–24 Grad, Wasser: 17 Grad, tägliche Sonnenstunden: 9, Regenwahrscheinlichkeit: 18 %, Luftfeuchtigkeit: 73 %

Juni: Luft: 16–29 Grad, Wasser: 22 Grad, tägliche Sonnenstunden: 11, Regenwahrscheinlichkeit: 6 %, Luftfeuchtigkeit: 68 %

Juli: Luft: 19–31 Grad, Wasser: 25 Grad, tägliche Sonnenstunden: 11, Regenwahrscheinlichkeit: 4 %, Luftfeuchtigkeit: 68 %

August: Luft: 20–31 Grad, Wasser: 26 Grad, tägliche Sonnenstunden: 10, Regenwahrscheinlichkeit: 9 %, Luftfeuchtigkeit: 72 %

September: Luft: 17–28 Grad, Wasser: 25 Grad, tägliche

Sonnenstunden: 8, Regenwahrscheinlichkeit: 21 %, Luftfeuchtigkeit: 75 %

Oktober: Luft: 14–24 Grad, Wasser: 23 Grad, tägliche Sonnenstunden: 6, Regenwahrscheinlichkeit: 25 %, Luftfeuchtigkeit: 79 %

November: Luft: 10–19 Grad, Wasser: 20 Grad, tägliche Sonnenstunden: 5, Regenwahrscheinlichkeit: 32 %, Luftfeuchtigkeit: 80 %

Dezember: Luft: 7–16 Grad, Wasser: 16 Grad, tägliche Sonnenstunden: 4, Regenwahrscheinlichkeit: 33 %, Luftfeuchtigkeit: 81 %

Schwierigkeiten einer Prognose

»Heute erwarten wir einen wunderbaren Tag, die Sonne scheint jetzt schon, am frühen Morgen«, sagt der Mann im Inselradio, und die Urlauber in Cala d'Or wundern sich. Wunderbarer Tag? Sonne? Wo ist die denn? Die Sonne strahlt womöglich tatsächlich in Palma, wo der Radiomoderator aus seinem Studiofenster schaut und den Hafen sieht, der in gleißendes Licht getaucht ist. Aber nicht selten türmen sich schon 15 Kilometer entfernt im Inselinnern und an der Südwestküste dicke, schwarze Wolken auf. Das Problem für alle, die eine Wettervorhersage erstellen: Es gibt kein einheitliches Mallorca-Wetter. Dafür ist die Insel einfach zu groß. Dafür sind die Landschaften zu unterschiedlich, und bei weit mehr als 500 Kilometern Küstenlinie kann der Wind aus allen möglichen Richtungen kommen und blitzartig das Wetter radikal verändern.

Lediglich in den wenigen Wochen des Hochsommers, wenn stabile, riesige Hochdruckgebiete im Mittelmeerraum festsitzen, ist die Vorhersage einfach: blauer Himmel, Sonne, Temperaturen über 30 Grad, 0 % Regenwahrscheinlichkeit.

Wetterphänomen 1: der kalte Tropfen

Bereits im September ist es mit der sicheren Wetterprognose ganz schnell vorbei. Dann lauert nämlich *gota fría* in der Luft: der kalte Tropfen. Er kommt an besonders schönen Spätsommertagen im wahrsten Sinne des Wortes aus heiterem Himmel. Die Sonne scheint, die Temperaturen liegen bei Mitte 20 Grad im Schatten – und innerhalb von Minuten wird der Himmel schwarz, ein Sturm kommt auf, es regnet unglaubliche Mengen in kurzer Zeit, manchmal 100 bis 150 Liter pro Quadratmeter. Das Unwetter dauert meist keine Viertelstunde, die Sonne erscheint wieder und strahlt mit voller Kraft, als sei nichts gewesen. Jetzt aber ist es rund zehn Grad kälter. Nach ein paar Stunden hat sich dann die Luft schon fast wieder auf die ursprüngliche Temperatur erwärmt.

Das Wetterphänomen *gota fría* hat mit den unterschiedlichen Temperaturen von Wasser und Luft zu tun. Im September oder Oktober ist das Meer, das sich über den Sommer aufgeheizt hat, oft wärmer als der Luftmasse darüber. Das führt dazu, dass Meerwasser in großen Mengen verdampft und aufsteigt. Es bilden sich schwarze Kumuluswolken in etwa 10 000 Metern Höhe, und die entladen sich mit den Unwettern. Der Wetterumschwung ist nicht vorhersehbar – und vor allem für Segler kann das lebensgefährlich werden.

Wetterphänomen 2: der pünktliche Wind

Dieses Wetterphänomen ist so typisch für Mallorca, dass man mit *embat* ein eigenes katalanisches Wort dafür erfunden hat. Es mit Meeresbrise zu bezeichnen wäre zu einfach. Thermische Winde könnte man es nennen, aber auch das würde dem Phänomen nicht gerecht werden.

Ein *embat* entsteht, wenn sich im Sommer die Luft über Land schneller aufheizt als das Meerwasser. Die warme Luft über der Insel steigt also viel schneller auf als die über dem Meer und saugt somit die kühlere Meeresluft in Richtung Inselmitte, wo es am wärmsten ist. Da sich die warme Landluft in großer Höhe abkühlt, fällt sie seitlich irgendwo wieder ins

Meer – und verstärkt diesen Sog-Effekt. Es entsteht quasi ein riesengroßer Ventilator. Oder, um genau zu sein: zwei Ventilatoren. Einer dieser beiden Ventilatoren steht in der Bucht von Palma und bläst aus Südwest in Richtung Inselmitte. Der zweite Ventilator steht genau am anderen Ende der Insel, in der Bucht von Alcúdia. Er bläst aus Richtung Nordost.

Die *embats* sind verlässlicher als die Ankunftszeiten der Fähre aus Barcelona. Sie starten zwischen 9 und 10 Uhr an der Küste und erreichen zwischen 12 und 14 Uhr das Zentrum Mallorcas. In den Küstenregionen können sie dabei ziemlich heftig werden. Windgeschwindigkeiten zwischen 25 und 30 Kilometern pro Stunde sind normal. Zwischen 18 und 19 Uhr ist das Phänomen vorüber, oft weht dann im Inselinnern bis zum nächsten Mittag kein Lüftchen mehr.

Seit Jahrhunderten richten sich Seefahrer nach den *embats*, um Mallorca zu erreichen oder auch zu verlassen. Auch die Windmühlen der Insel nutzten das Phänomen. Dies ist ein Grund, warum man so viele alte Mühlen in der Nähe des Flughafens sichtet, wenn man über Mallorca einschwebt. Dort bläst exakt der südwestliche *embat*. Und dass der internationale Flughafen Son Sant Joan dort liegt, ist selbstverständlich auch kein Zufall. Die Start- und Landebahnen sind so gebaut, dass die Maschinen nach Möglichkeit gegen den *embat* starten können. Damit können sie deutlich schneller abheben.

Wetterphänomen 3: der kleine Sommer

Der kleine Sommer kommt mitten im Winter. Die Spanier sprechen vom *pequeño verano* oder *veranillo*. Die Mallorquiner nennen das Wetterphänomen mitunter auch *calmes de gener* – die Ruhe des Januars. Sie alle meinen das Gleiche: Schönes, warmes Wetter in einer Jahreszeit, in der man es nicht erwartet. Für zehn bis 14 Tage steigen die Temperaturen über 20 Grad, die Sonne scheint, kein Wölkchen ist am Himmel zu sehen, und es herrscht völlige Windstille. Fast das ganze westliche Mittelmeer ist dann platt wie ein Teller, kaum eine Welle ist zu sehen. Auf den Balearen kommt noch ein weiteres Phänomen hinzu: Der Meeresspiegel sinkt. Um bis zu einen Meter fällt im kleinen Winter der Pegel, teilweise liegen Fischerboote auf dem Trockenen. Diese Tage werden deshalb oft auch *seques* genannt – die Trockenen.

Ein riesiges Hochdruckgebiet ist für diesen kleinen Zwischensommer verantwortlich. Meist setzt es sich im Januar fest, manchmal aber auch schon im Dezember, um Weihnachten herum. In manchen, seltenen Jahren tritt es überhaupt nicht auf. In früheren Jahrhunderten glaubte man, dass Gott den Inselbewohnern noch einmal ein paar schöne Tage gönne, bevor der Winter auf der Insel mit seiner feuchten Kälte im Februar richtig Einzug hält.

Die unterschätzte Jahreszeit

Mallorquiner lieben den Winter. Die Insel kommt zur Ruhe, sagen sie. Sie erholt sich zwischen zwei Sommern. In den kühleren Monaten arbeitet man im Garten, man grillt fast jeden Sonntag, alles geht einen Gang langsamer als in der hektischen Sommerzeit, wenn viele in wenigen Monaten ihr Geld für das ganze Jahr verdienen müssen. Die Golfplätze der Insel sind deutlich besser besucht als in den Sommermonaten. Im tagsüber milden Winter-Klima lässt sich besser putten als unter der gleißenden Sonne.

Es kann aber richtig ungemütlich werden. Man friert selbst bei 10 Grad, und wer keine Heizung im Hotelzimmer oder der Finca hat, kann zuschauen, wie seine Reiselektüre aufquillt, bis das Buch bei der Abreise doppelt so dick ist wie beim Hinflug. Schnee sieht man fast jeden Winter. Ein oder zwei Wochen sind die Gipfel der Tramuntana-Berge weiß. Die Schneefallgrenze liegt meist bei 700 Metern, liegen bleibt der Schnee aber erst bei einer Höhe von rund 1000 Metern. Mitte der achtziger Jahre waren in einem Extremwinter solche Schneemengen gefallen, dass Kellner und Köche des Restaurants in der Sa Calobra-Bucht acht Tage lang eingeschneit waren.

Viele Mallorquiner leben trotzdem in Häusern ohne Heizung. Auf den alten Fincas gibt es riesige Kamine in Küche und Wohnraum. Dort liegen in den kalten Monaten oft halbe Bäume quer im Raum. Ein Ende des Stamms liegt im Kamin und wird immer wieder nachgeschoben.

Da Heizen mit Strom recht teuer ist, nutzen viele Mallorquiner in Wohnungen Gasöfen, in die genau eine Butangas-Flasche passt. Diese *estufas* machen recht effektiv warm, haben aber den Nachteil, dass sie die Luftfeuchtigkeit in der Wohnung noch weiter erhöhen. In vielen Ecken bildet sich dann Schimmel. Die mallorquinische Methode dagegen: Warten bis das Frühjahr kommt, mit einer Stahlbürste die schwarzen Schimmelflecken abkratzen, und einfach überstreichen.

An besonders eiskalten Tagen kommt der *brasero* zum Einsatz, eine Art Becken aus Metall, meist aus Eisen, Messing oder Kupfer. In den *brasero* wird eine Mischung aus glühend heißen Holzkohlen und trockenen Mandelschalen gegeben. Dann wird das Teil unter einen großen Tisch gestellt, um den herum die ganze Familie in Decken gehüllt sitzt. Selbst Frédéric Chopin wärmte sich im kalten und feuchten Winter 1838 mit seiner Lebensgefährtin George Sand in seiner Kartause in Valldemossa an den heißen Kohlen eines *braseros*.

Adventszeit

Der Samstag vor dem Ersten Advent ist ein besonderer Tag. Dann wird offiziell die Weihnachtsbeleuchtung eingeschaltet. Ein kleiner Junge, der von den Schulen der Stadt benannt wird, darf auf den symbolischen Knopf drücken. Dreißig Kilometer Lichtgirlande brennt dann in der gesamten Innenstadt. 2009 wurden sämtliche Birnen durch LED ersetzt, womit die Stadt 85 Prozent der Energiekosten einsparte. Die Beleuchtung brennt bis zum Dreikönigstag, dem 6. Januar.

Die großen Weihnachtsmärkte in Palma auf der Plaça Espanya, der Plaça Major und der Via Roma starten ebenfalls am Ersten Advent. Sehr beliebt ist der Weihnachtsmarkt in Palmas *Nuevo Pueblo Español*, der nur an einem Wochenende stattfindet und mit seiner riesigen Tanne und der Beschallung mit deutschsprachigen Weihnachtsliedern immer mehr Anhänger unter den Mallorquinern findet, die dort *vino caliente* probieren – Glühwein bei Temperaturen von manchmal mehr als zwanzig Grad.

Die Weihnachtssüßigkeiten heißen *turrón*, weißer Nougat, hergestellt aus Mandeln, Honig, viel Zucker und Eiweiß. *Turrón* gibt es weich und hart, mit Rosinen und ohne, rund, eckig, in große Oblaten verpackt oder in Brotform.

Jetzt werden zu Hause und in den Kirchen Krippen aufgestellt, die *betlems*. Die größte Krippe steht im Erdgeschoss des Rathauses von Palma. Die einzelnen Krippenfiguren sind oft geerbt, sie werden von Generation zu Generation in der Familie weitergegeben. Nur eine Figur wechselt jedes Jahr: der *caganer*. Diese Figur sitzt in der Krippe und entledigt sich ihrer Notdurft. Woher diese Tradition stammt, die man auch in Katalonien kennt, weiß keiner genau. Man vermutet dahinter aber einen stillen Protest gegen die Mächtigen im Land. Denn das Gesicht des *caganers* ist immer dem einer lebenden Person nachempfunden. Oft stehen Politiker mit heruntergelassenen Hosen in der Krippe, aber auch bekannte Fußballer, Schauspieler oder Sänger sind auf den Figürchen zu erkennen, die auf den Weihnachtsmärkten verkauft werden. Auch die deutsche Bundeskanzlerin Angela Merkel steht in dieser unvorteilhaften Körperhaltung in vielen mallorquinischen Krippen.

Heiligabend

Der 24. Dezember ist ein normaler Arbeitstag. In den Kirchen finden Christmetten statt, die beliebteste, stimmungsvollste und immer überfüllte Messe ist die in der Kathedrale *La Seu* in Palma. Der Bischof von Mallorca hält diese Messe selbst, untermalt wird sie mit dem gregorianischen Gesang der *Sibila*. Diesen Brauch gibt es seit dem Mittelalter, er wird heute nur noch auf Mallorca und Sardinien gepflegt. Eine Frau singt solo a cappella in der Kirche die Vorhersagen der heiligen Sibylle auf Katalanisch. Das Heiligtum des Klosters Lluc in der Tramuntana ist der zweite Ort an Heiligabend, in dem der Gesang der *Sibila* während der Christmette vorgetragen wird. Hier übernimmt ein Kind aus dem weltbekannten Chor des Klosters diese Aufgabe. Die UNESCO hat den *Canto de la Sibila* 2010 auf die »Repräsentative Liste des immateriellen Kulturerbes der Menschheit« gesetzt.

Dreikönigstag

Jetzt erst ist richtig Weihnachten – bunt und laut und voller Trubel, fast wie Karneval. Die heiligen drei Könige, die *reyes*, kommen in vollem Ornat und bringen die Geschenke für die Kinder. Sie ziehen durch die Dörfer und Städte, es sind lebensgroße Krippen aufgebaut, die vielen Pakete werden auf Eselskarren hinter den *reyes* hergezogen. Dabei wird getrommelt, getanzt, gesungen. In Palma steigen die Könige sogar vom Schiff – ein Riesenereignis, die ganze Stadt ist auf den Beinen.

Zuvor geben die Eltern die Geschenke für ihre Kinder im Rathaus oder einer anderen Sammelstelle ab. Endstation der Prozession ist die Kirche. Dort thronen dann Caspar, Melchior und Balthasar neben dem Altar und lesen nacheinander sämtliche Namen der Kinder vor, die sie auf den Geschenkpäckchen finden. Ein aufgeregtes Kind nach dem anderen läuft nach vorne und holt sein Paket ab. Anschließend feiern die Eltern meist noch auf der Plaça bis spät in die Nacht mit Familie und Nachbarn.

Straßen

Eine Insel – drei Autokennzeichen

»PM-1«. Dieses Autokennzeichen prangte ab 1900 an einem *Clément*, einem der ersten Autos der Welt, gebaut in Frankreich. Ein vermögender Mallorquiner hatte es gekauft. »PM-1« war das erste Kennzeichen eines Autos in ganz Spanien. Die Balearen waren nämlich die erste Region des Landes, die Nummernschilder für Autos einführte.

Das Kennzeichen »PM« hielt sich bis 1999. Zum »PM«, das freilich für Palma de Mallorca stand, kamen vier Zahlen und zwei Buchstaben: »PM-1234 AB« muss also einmal als Nummerschild existiert haben oder sogar noch immer existieren. Zwei Jahre lang erhielten Wagen, die auf den Balearen zugelassen wurden, eine »IB«-Nummer für *Islas Baleares*. Das System war das Gleiche, nach dem Inselkennzeichen kamen vier Zahlen und zwei Buchstaben.

In Spanien gehört eine Autonummer immer zum Fahrzeug und nicht zum Halter. Das Auto behält das Kennzeichen von der Erstzulassung bis zum Schrottplatz. Im Jahr 2001 wurden deshalb *matrículas* – Autokennzeichen – eingeführt, die in ganz Spanien einheitlich waren. Denn warum sollte jemand in Madrid einen Wagen mit Balearen-Nummer fahren? Die einheitlichen Nummern tragen vier Zahlen und drei Buchstaben. Fortlaufend. Ist die Reihe bei 9999 angekommen, geht es einen Buchstaben im Alphabet weiter. Dabei lassen die Spanier die Vokale komplett aus, auf den Schildern erscheinen nur Konsonanten. Die erste ausgegebene Nummer war demnach »0000-BBB«. Auf »9999-BBB« folgte dann »0000-BBC«.

Anhand der Nummernschilder kann man in etwa feststellen, wie alt ein Wagen ist. Alles mit einem »PM« vorne drauf, ist vor 1999 zugelassen, die »IB«-Autos kommen aus den Jahren 1999 bis 2001. Wer heutzutage auf die vier Buchstaben am Ende des Nummernschildes schaut, kann auch in etwa Rückschlüsse auf den Jahrgang ziehen. Ist es ein B, dann ist der Wagen spätestens 2003 zugelassen worden. Im Sommer 2014 wurden nur Kennzeichen herausgegeben, deren Buchstabenfolge mit einem »H« anfing.

Autos made in Mallorca und Hemingways Sardine

Loryc – dieser Name stand für die Gründer Lacy, Ouvrard, Ribas *y compañía* und genauso hieß auch die erste und einzige Automarke, die auf Mallorca hergestellt wurde. Rafael de Lacy und Antonio Ribas waren zwei Industrielle, die verrückt nach Autos waren. Sie holten sich mit Alberto Ouvrard einen Ingenieur in die Firma und bauten 1920 in einer Werkstatt in Palma den ersten Wagen.

Die Motoren kamen aus Frankreich, aber die Autos selbst wurden in der Calle Sindicato zusammengebaut – mit einer Karosserie, made in Mallorca. Der erste mallorquinische Wagen, der auf der Insel fuhr, sollte eigentlich eine Familienkutsche werden, dennoch geriet der Prototyp mit zwei Sitzen eher zu einem Rennwagen. Wegen seiner Karosserie aus Blech nannten die Mallorquiner das Auto liebevoll *La Sardina*. Die Sardinenbüchse schaffte es immerhin auf 110 Stundenkilometer. Die Lampen wurden mit Gas betrieben.

Ende 1921 gab es bereits drei verschiedene Modelle – eine Limousine, ein Cabriolet mit zwei Sitzen und eines mit drei. Das Rennmodell, das ein Jahr später gebaut wurde, hatte es richtig in sich. Mit 1000 Kubikmeter Hubraum und 34 PS Leistung brachte es dieser Dreisitzer aus dem Hause *Loryc* auf 140 km/h Spitze. Der größte Erfolg des mallorquinischen Rennautos war Platz 3 beim Rennen in Le Mans 1922.

Der *Loryc* wurde komplett in Handarbeit gebaut und war entsprechend teuer. Nur die reichsten der reichen Mallorquiner konnten ihn sich leisten. Wegen des guten Rufs als robustes Auto wuchs das Werk Jahr um Jahr. 1923 waren bereits 60 Menschen dort beschäftigt. Aber dann gab es Schwierigkeiten mit der Materialbeschaffung aus Frankreich. Monatelang steckten wichtige Teile beim Zoll fest. König Alfonso höchstpersönlich ordnete in Dekret 22/4/23 Zollerleichterung für die Einfuhr der Motoren an. Aber da war es schon zu spät. *Loryc* war finanziell ins Trudeln geraten und musste Ende 1925 das Werk in Palma schließen. Rund 120 Autos hatte *Loryc* bis dahin gebaut.

Von der berühmtesten Sardine fehlt bis heute jede Spur. Der Schriftsteller Ernest Hemingway soll mit dem kleinen Flitzer aus Mallorca in den zwanziger Jahren Paris unsicher gemacht haben.

Vorbeugen für die Vorfahrt

Es gibt Ortschaften auf Mallorca, die ausschließlich aus rechtwinklig angeordneten Straßen bestehen. Sa Pobla ist ein Paradebeispiel dafür. Das ganze Dorf wirkt, aus der Luft betrachtet, wie ein riesiges Schachbrett. Hier würde es helfen, eindeutige Regeln aufzustellen, wer vor wem fahren darf. Aber nichts da. Im ganzen Ort gibt es kein einziges Vorfahrtsschild!

Was tun die Mallorquiner also, um rauszufinden, ob sie in engen Ortschaften Vorfahrt haben oder nicht? Sie beugen sich vor. Kleben bei jeder Querstraße fast an der Innenseite ihrer Windschutzscheibe und blinzeln in die nächste Seitenstraße.

Fahrten durch Orte wie Sa Pobla, die nur aus Kreuzungen und Seitenstraßen zu bestehen scheinen, sind ein einziges Vorbeugen und Zurücklehnen, Vorbeugen und Zurücklehnen. Wer hier Autofahren will, der darf nichts am Rücken haben. Sonst hat er gnadenlos verloren im Dschungel der Verkehrsregeln.

Startsignal »Blinkendes Männchen«

Auch an Ampeln ist die Beweglichkeit im Rücken von entscheidendem Vorteil. Spanische Ampeln kennen nämlich »Gelb« nur, wenn sie von »Grün« auf »Rot« wechseln, nicht umgekehrt. Nach der »Rot«-Phase kommt ohne Umweg innerhalb einer Sekunde das »Grün«.

Was also unternimmt der mallorquinische Raser, damit er bei »Grün« auch nicht eine einzige peinliche Sekunde zu spät startet? Auch er beugt sich weit nach vorne. Und schaut seitlich. Da geht sein Blick zur Fußgängerampel. Das grüne Männchen dort beginnt nämlich kurz vor Ende der »Grün«-Phase für die Fußgänger hektisch zu blinken. Und das ist auch für den Raser im Auto jetzt das Startsignal.

Saftige Strafzettel

Noch vor wenigen Jahren konnte man als Urlauber die *multas* getrost vergessen und zu Hause als Trophäe ins Fotoalbum kleben. Diese Zeiten sind vorbei. Die spanischen Behörden treiben die Bußgelder auch im Ausland ein. Die Adressen der Verkehrssünder bekommt die Polizei von den Mietwagen-Verleihern. Fast täglich müssen sie eine Liste mit den Heimatadressen ihrer Kunden rausrücken, die an einer Bushaltestelle geparkt haben oder mit 150 über die Autobahn gerast sind.

Wer an seinem falsch geparkten Mietwagen eine Kralle vorfindet, muss ohnehin sofort sein Knöllchen bezahlen. Dafür gibt es dann aber auch Rabatt. Wer eine *multa* innerhalb von zwanzig Tagen begleicht, zahlt nur die Hälfte. Der Nachteil ist, dass man dann keinen Einspruch mehr gegen die *multa* einlegen kann.

Für nur 5,50 Euro kann man sich in Palma freikaufen, wenn man sein Parkticket überzogen hat. Das gilt allerdings nur für Verstöße in der Parkzone, der ORA-Zone, die man an blauen Streifen am Straßenrand erkennen kann –, und nur, wenn man den Wagen nicht länger als eine Stunde ohne gültiges Ticket abgestellt hat.

Freikaufen vom ORA-Parkknöllchen

1. Den nächsten Parkautomaten suchen.
2. Dort den gelben Knopf drücken.
3. Betrag (5,50 Euro) wird angezeigt.
4. Per Karte oder bar bezahlen.
5. Quittung entnehmen, zusammen mit dem Knöllchen und dem abgelaufenen Parkticket in den kleinen Schlitz am Parkautomaten stecken. Manchmal klemmt dafür auch neben der *multa* ein kleiner brauner Umschlag unterm Scheibenwischer.

Bußgeld im Drei-Minuten-Takt

In Palma wird etwa alle drei Minuten eine *multa* vergeben, in erster Linie wegen Falschparkens. Für die ewig klamme Stadt ist das eine Einnahmequelle von fast 20 Millionen Euro im Jahr. Die hohen Bußgelder haben dem spanischen Staat, den Städten und Gemeinden viel Geld in die Kassen gespült. Seit der Einführung des strengeren Verkehrsrechts ist die Zahl der Verkehrstoten auf einen historischen Tiefstand gesunken. 2013 kamen auf Mallorcas Straßen 32 Menschen ums Leben, so wenige wie zuletzt 1960. Und heute sind fünfmal so viele Autos auf den Straßen der Insel unterwegs.

Multas in Zahlen

19 Millionen Euro: Summe aller Bußgelder im Straßenverkehr im Jahr 2013 (2012: 22 Millionen Euro)

4,5 Millionen Euro: freiwillig gezahlte Bußgelder

5,4 Millionen Euro: zwangsweise eingetriebene Bußgelder

9,1 Millionen Euro: offene Bußgelder, z. T. Gegenstand von Gerichtsprozessen

185 116: Anzahl der ausgestellten *multas* 2013 (2012: 199 395)

102 Euro: durchschnittliche Höhe einer *multa*

21: Zahl der *multas*, die pro Stunde verteilt werden

2 Minuten und 51 Sekunden: Takt, in dem in Palma statistisch eine neue *multa* ausgestellt wird

Bußgelder für Falschparken und Co.

- Parken im Parkverbot: 90–150 Euro
- Parken mit Behinderung des Verkehrs: 200 Euro
- Parken an Bushaltestellen: 200 Euro
- Parken auf Behindertenparkplatz: 200 Euro
- Fahren ohne Gurt: 150 Euro
- Telefonieren während der Fahrt: 150 Euro
- Bedienung des Navigationsgerätes während der Fahrt: 150 Euro
- Überfahren eines Stopp-Schildes oder einer roten Ampel: 200 Euro
- Fahren mit 0,25 bis 0,5 Promille Alkohol im Atem: 400 Euro
- Fahren mit mehr als 0,5 Promille Alkohol im Atem: ab 500 Euro

Sport

Wenn ein echter Gegner fehlt:
Spitzensport auf der Insel

Heute sieht man sie tagtäglich auf dem Flughafen. Man erkennt sie an den gleichen Trainingsanzügen und Trikots. Mallorquinische Sportmannschaften – ob Fußball, Basketball oder Radsport – fliegen aufs Festland oder eine der Nachbarinseln. Sie bestreiten dort ein Punktspiel oder ein Turnier, nehmen an Meisterschaften und Wettbewerben teil. Alles kein Problem mehr für Inselsportler.

Früher war das komplizierter: Irgendwann, wenn man zwischen Alcúdia und Palma alle Titel gewonnen hatte, fehlte der richtige Gegner. Leistungssportler stießen in früheren Jahrzehnten schnell an die Grenzen. Nicht unbedingt an ihre eigenen, sondern an die der Insel. Neue, stärkere Gegner, mit denen man sich hätte messen können, waren weit weg, zwei Tage mit dem Segelschiff, mindestens. Dazu kam, dass die Insel früher in erster Linie ländlich geprägt war. Auf den Dörfern wurde jede Hand bei der Feldarbeit gebraucht, beim Mandelpflücken oder beim Schafehüten. Für Sport fehlte einfach die Zeit.

Erst Mitte der achtziger Jahre änderte sich das.

Flüge wurden erschwinglicher, der Weg zu »echten Gegnern« für die mallorquinischen Spitzensportler also kürzer. Und mit den ersten nationalen und internationalen Erfolgen der Inselsportler sank auch das bis dato vorherrschende Desinteresse am Sport.

Heute wird in fast jedem Dorf Fußball gespielt. Mit Real Mallorca gibt es einen großen Verein, der in der *Segunda División* spielt, in der zweiten spanischen Liga. Auch Basketball erfreut sich großer Beliebtheit. Es gibt zwar keinen einzigen Profiverein, die Insel gilt aber dennoch als Kaderschmiede für talentierte Basketballer. Zwei haben es ins spanische Nationalteam geschafft. Tennis, Schwimmen, Segeln, Radsport und Golf zählen zu den beliebtesten Sportarten auf Mallorca.

Erfolg in Zahlen

29 Teilnehmer bei Olympischen Spielen
48 Männer haben mindestens eine Weltmeisterschaft gewonnen
15 Frauen haben mindestens eine Weltmeisterschaft gewonnen
18 Sportarten, in denen Mallorquiner Weltmeister sind
61 Männer haben mindestens eine Europameisterschaft gewonnen
9 Frauen haben mindestens eine Europameisterschaft gewonnen
17 Sportarten, in denen Mallorquiner Europameister sind

Mallorcas beste Sportler

Rafael Nadal, geboren am 3. Juni 1986 in Manacor – Tennisspieler. Zwischen 2008 und 2014 stand er insgesamt 141 Wochen an der Spitze der Weltrangliste, er gilt als bester Sandplatzspieler der Tennisgeschichte. Von der Sportzeitung »Marca« wurde er zum besten spanischen Sportler aller Zeiten gewählt. Nadal spielte in seiner Jugend lieber Fußball als Tennis, wurde sogar mit elf Jahren als linker Stürmer mit seinem Fußballverein Manacor Balearenmeister. Mit 15 wurde er Tennisprofi. In seiner Heimatstadt Manacor will er nun ein Leistungszentrum für den Tennis-Nachwuchs bauen, finanziert aus seinem Privatvermögen. Im September 2014 wurde er vom Inselrat in Palma zum Ehrenbürger Mallorcas ernannt.

Carlos Moyá, geboren am 27. August 1976 in Palma de Mallorca – Tennisspieler. Stand 1999 als erster Spanier an der Spitze der ATP-Tennisweltrangliste. Insgesamt gewann er 20 internationale Turniere, darunter die French Open. Mit 19 wurde er Profi. Insgesamt erspielte er fast 14 Millionen Dollar Preisgeld.

Jorge Lorenzo, geboren am 4. Mai 1987 in Palma de Mallorca – Motorradrennfahrer. Schnellster Mallorquiner aller Zeiten. Bereits mit vier Jahren fuhr er sein erstes Minicross-Rennen und holte dann eine Meisterschaft nach der anderen. Zweimal wurde er Weltmeister über 250 cm³, zweimal in der Königsklasse, dem *MotoGP*. Er ist nur 1,70 Meter groß und wiegt 55 Kilo. Viele halten ihn für den besten Motorradfahrer Spaniens.

Joan Llaneras, geboren am 17. Mai 1969 in Porreres – Radrennfahrer. Von den Titeln her ist er der erfolgreichste Sportler Mallorcas. Der Bahnradfahrer gewann sieben Weltmeisterschaften. Bei den Olympischen Spielen 2000 in Sydney holte er die Goldmedaille im Punktefahren, vier Jahre später kam er mit der Silbermedaille aus Athen zurück. 2008 gewann er in Peking im Punktefahren Gold und in der Disziplin Madison Silber. Er betreibt in Palma eine Akademie, in der talentierter Radsport-Nachwuchs trainiert wird.

Miguel Ángel Nadal, geboren am 26. Juli 1966 in Manacor – Fußballspieler. Der berühmte Onkel des inzwischen noch berühmteren Rafael Nadal und bis heute dessen Trainer. Gilt als Mallorcas bester Fußballer aller Zeiten. Spielte zuerst im Mittelfeld und wurde später einer der gefürchtetsten Verteidiger Spaniens. 62-mal stand er für die Nationalmannschaft auf dem Platz. Zwischen 1991 und 1999 spielte Miguel Nadal im legendären »Dreamteam« des FC Barcelona, wurde fünfmal spanischer Meister und Champions-League-

Sieger, was damals noch Europapokalsieger der Landesmeister hieß. Er verließ Barca nach einem Streit mit Trainer Louis van Gaal und kehrte zu seinem alten Verein Real Mallorca zurück. Die Mallorquiner schreiben es in erster Linie Nadal zu, dass Real Mallorca 2003 zum ersten und bislang einzigen Mal spanischer Pokalsieger wurde. Er verabschiedete sich erst mit 39 aus dem Profisport.

Xavier Torres geboren am 14. Juli 1974 in Palma de Mallorca – Schwimmer. Er ist mit 16 Medaillen der höchstdekorierte Paralympics-Sportler Spaniens. Fünfmal hat er die Goldmedaille geholt, fünfmal Silber und sechsmal Bronze. Xavi, wie er in ganz Spanien genannt wird, ist nach wie vor in den Medien sehr präsent. Er wurde ohne Beine und mit nur einem Arm geboren, aktuell arbeitet er als Sportmoderator für den Fernsehsender *IB3*. In seinem studierten Beruf als Physiklehrer hat er bislang noch nicht gearbeitet.

Melanie Costa geboren am 24. April 1989 in Palma de Mallorca – Freistilschwimmerin. Ihren größten Triumph erkraulte sie sich 2012 in Istanbul. Dort gewann sie über die 400-Meter-Kurzbahn die Weltmeisterschaft. Ein Jahr zuvor war sie von der Universiade in Shenzhen mit einer Goldmedaille über 200 Meter sowie Silber über 400 Meter und Bronze über 800 Meter zurückgekehrt.

Miguel Ángel Moyà geboren am 2. April 1980 in Binissalem – Fußballspieler. Mallorcas bester und teuerster Torhüter. Mit 24 gab er sein Debüt bei Real Mallorca, vier Jahre später wechselte er für fünf Millionen Euro zum FC Valencia. Nach mehreren Jahren bei FC Getafe unterschrieb er im Sommer 2014 einen Dreijahresvertrag bei Atlético Madrid.

Rudy Fernández geboren 4. April 1985 in Palma de Mallorca – Basketballspieler. Mit zwölf Jahren kam er in die Jugendakademie des FC Barcelona, bestritt mit 17 sein erstes Ligaspiel. Vier Jahre lang spielte der Hüne (1,98 m) in der amerikanischen NBA bei den Portland Trail Blazers und den Denver Nuggets. Seit 2012 trägt er das Trikot von Real Madrid. In 147 Einsätzen für die spanische Basketballnationalmannschaft wurde er Weltmeister (2006) und zweimal Europameister (2009, 2011). Außerdem holte er bei den Olympischen Spielen in Peking und London jeweils Silber für Spanien.

Radtouristen: die Macht im Frühjahr

Das Straßennetz ist 1250 Kilometer lang. 675 Kilometer davon sind kleine Nebenstraßen. Im Schnitt sind die Straßen 6,5 Meter breit, und jeder fünfte Kilometer führt durch Gebirge. Für Radfahrer ist Mallorca ein wahres Eldorado. Im Winter bereiten sich Profi-Radteams auf die Saison vor, im Frühjahr kommen die Amateur-Radsportler. Etwa 100 000 sind es in jedem Jahr.

Sie kommen fast alle gleichzeitig. »Karneval ist in jedem Jahr so etwas wie der geheime Startschuss für die Saison der Radtouristen«, hat Jan Eric Schwarzer beobachtet. Der Sportwissenschaftler und Radprofi betreibt eine Radler-Pension in der Inselmitte. Am Kofferband fürs Sperrgepäck auf dem Flughafen stauen sich dann die mitgebrachten Rennräder. Ende April ebbt die Welle der Radtouristen deutlich ab, Ende Mai ist sie zu Ende.

Welche Räder kommen mit?

88,2 % Rennräder
4,4 % Trekkingräder
5,1 % Mountainbikes
100 % aller Radfahrer bestellen mindestens einmal das »Radsport-Menü« bestehend aus 1 Kaffee, 1 Kaltgetränk, 1 Stück Kuchen

Radeln für die Wirtschaft

Die Radfahrer sorgen dafür, dass Hotels, Cafés und Bars auch in der Nebensaison gut besucht sind. Fast 29 Millionen Euro Umsatz bescheren sie der Insel im Frühling. Zwei Schweizer Veranstalter waren 1981 die ersten, die Radreisen auf der Insel organisiert haben. Inzwischen gibt es 43 Unternehmen, die sich speziell um Radfahrer kümmern. 23 davon sind in deutscher Hand, sechs werden von Schweizern geführt und zwei von Österreichern. Franzosen, Niederländer und auch Unternehmen aus Luxemburg mischen neben den Spaniern in diesem Markt mit.

Die meisten Radtouristen sind in der Bucht von Alcúdia und an der Platja de Palma untergebracht. Zu ihrer heimlichen Hauptstadt hat sich in den vergangenen Jahren das Dorf Petra in der Inselmitte entwickelt. In den Frühjahrsmonaten wird die Plaça zu einem riesigen Fahrradparkplatz.

Beliebte Steigungsfahrten:

- Puig de Sant Salvador bei Felanitx (510 Meter)
- Puig de Randa bei Llucmajor (453 Meter)
- Kloster Lluc (525 Meter)
- Orient (467 Meter)
- Puig Major (880 Meter)
- Coll de Sóller (494 Meter)

Regeln und Tipps fürs Radfahren auf Mallorca

- Beim Linksabbiegen stoppt man nicht in der Straßenmitte, sondern am rechten Fahrbahnrand.

- Radgruppen werden in Kreiseln oder auf Kreuzungen komplett wie ein Fahrzeug behandelt und haben bis zum letzten Radfahrer Vorfahrt.

- Fahren in Wolkenformation ist nicht gestattet, maximal darf man zu zweit parallel fahren, wenn es die Breite der Straße zulässt. Auf kurvenreichen und bergigen Straßen ist dies jedoch ausdrücklich verboten (erkennbar am Schild *No en parallel*).

- Außerhalb geschlossener Ortschaften herrscht Helmpflicht.

- Radfahrer müssen reflektierende Kleidung tragen, mit der man sie bei Dunkelheit aus einer Entfernung von 150 Metern sehen kann. Dies kann auch eine handelsübliche Warnweste sein.

- Fahren auf Fußgängerwegen und durch Parks wird mit bis zu 300 Euro Bußgeld bestraft.

Gründe für den Radurlaub

1094 Radtouristen auf Mallorca hat der Mathematiker Dennis Hürten von März bis November 2005 für seine Dissertation an der mathematisch-naturwissenschaftlichen Fakultät der Universität Köln über die ökonomische Bedeutung des Radtourismus für die Insel befragt. Unter anderem fragte er die Radtouristen, was sie mit ihrem sportlichen Aufenthalt auf der Insel am meisten verbinden. Training steht nicht gerade an erster Stelle:

Wetter, Klima, Sonne: 46,1 %
Natur: 28,1 %
Landschaft: 25,3 %
Geselligkeit: 15 %
Trainingsmöglichkeiten: 13,6 %
Ruhe und Erholung: 11,4 %
Gute Straßen: 10,6 %

Wenn Promis schwitzen: TUI-Marathon in Palma

Der TUI-Marathon auf Mallorca lockte seit 2003 Tausende Läufer aus ganz Europa an. Zum Jubiläumslauf im Oktober 2013 wurde mit 10 983 Teilnehmern aus 62 Ländern ein Rekord aufgestellt. Traditionell gibt es neben Halbmarathon- und Marathonstrecke auch einen 10-Kilometer-Stadtlauf, am Vortag findet der Unicef-Kids Run statt. Alle Strecken führen durch Palmas historische Altstadt. Die Marathonstrecke verläuft dann entlang der Platja de Palma, vorbei an den *balnearios* und quer durch die Vergnügungsmeile S'Arenals.

Jedes Jahr nehmen zahlreiche Prominente am Lauf teil. Sie starten auf Einladung des Veranstalters und sollen als Zugpferde andere Läufer animieren.

2013

Max Hoff, Kanu-Weltmeister	Halbmarathon	1:34:08
Nils Schumann, Olympiasieger 800 m-Lauf	Halbmarathon	1:42:59

2012

Katja Burkard, TV-Moderatorin	Halbmarathon	2:26:38
Wolfram Kons, TV-Moderator	Halbmarathon	2:04:48
Paul Jahnke, Bachelor	10 km	0:44:35
Rebecca Mir, Fotomodell und Moderatorin	10 km	1:09:55

2011

Mickie Krause, Sänger	Halbmarathon	1:31:42
Ulrike von der Groeben, TV-Moderatorin	Halbmarathon	1:58:00
Wolfram Kons, TV-Moderator	Halbmarathon	2:01:27
Patrick Nuo, Sänger	10 km	0:53:32
Indira Weis, Sängerin und Schauspielerin	10 km	1:01:17

2010

Joey Kelly, Musiker	Marathon	3:44:57
Andrea Ballschuh, TV-Moderatorin	Halbmarathon	2:31:15
Mickie Krause, Sänger	Halbmarathon	1:34:37
Ulrike von der Groeben, TV-Moderatorin	Halbmarathon	1:54:08

Stefan Steinweg, Radsport-Weltmeister	Halbmarathon	3:53:05
Achim Achilles, Journalist	10 km	0:47:49

2009

Dr. Eckart von Hirschhausen, Kabarettist	10 km	1:05:16
Achim Achilles, Journalist	10 km	0:44:12
Milka Loff Fernandez, TV-Moderatorin	10 km	0:55:17

2008

Milka Loff Fernandez, TV-Moderatorin	Marathon	4:56:25
Mickie Krause, Sänger	Halbmarathon	1:37:52
Jürgen Drews, Sänger	Halbmarathon	2:31:49
Achim Achilles, Journalist	Halbmarathon	2:31:49

2007

Tim Bergmann, Schauspieler	Marathon	3:30:53
Katharina Abt, Schauspielerin	Halbmarathon	2:10:51
Andrea Ballschuh, TV-Moderatorin	Halbmarathon	2:20:25
Helmut Zierl, Schauspieler	Halbmarathon	2:01:20
Martin Semmelrogge, Schauspieler	Halbmarathon	3:19:34

2006

Kathrin Boron, Ruder-Welt-meisterin	Halbmarathon	1:43:32
Andreas Dittmer, Kanu-Welt-meister	Halbmarathon	1:20:18
Peter Sendel, Biathlon-Welt-meister	Halbmarathon	1:39:15
Mike Kluge, Ciclocross-Welt-meister	Halbmarathon	2:16:08

2005

Jürgen Drews, Sänger	Marathon	5:09:54
Antonia aus Tirol, Sängerin	Halbmarathon	5:09:38
Henry Wanyoike, Paralympics-Sieger	Halbmarathon	1:15:24
Andreas Dittmer, Kanu-Weltmeister	Halbmarathon	1:25:13
Sven Ottke, Box-Weltmeister	Halbmarathon	1:52:45
Axel Hager, Beachvolleyball-meister	Halbmarathon	2:09:03

Wassersport

Kein Ziel in ganz Europa ist bei Wassersportlern beliebter als Mallorca. Mehr als jede zweite Yacht (58 %), die man in Spanien chartern kann, liegt hier vor Anker. Das sind 1440 Segelschiffe und Motorboote, die offiziell als zu chartern gemeldet sind, in 34 Marinas festmachen und in rund 100 Buchten vor Anker gehen können. Das spült pro Jahr rund 200 Millionen Euro in die Kassen der Insel und sichert 900 ganzjährige Arbeitsplätze in der Branche. Das liegt auch daran, dass die Nautik-Touristen rund 170 Euro an jedem Tag ausgeben – fünf Euro mehr als zum Beispiel Golf-Touristen.

Laut einer Studie der Handelskammer in Palma chartert ein Nautik-Tourist im Schnitt 7,4 Tage während seines Urlaubs ein Boot. Zwei Drittel bevorzugen dabei einrümpfige Segelboote. Sie verbringen während ihrer Zeit an Bord anderthalb Tage auf See – alle Fahrten zusammengerechnet. In der Hälfte der Mietzeit liegt das Boot in irgendeiner Bucht vor Anker, die restliche Zeit verbringen die Chartertouristen am Liegeplatz im Hafen. Die meisten Charterkunden kommen zu etwa gleichen Teilen aus Deutschland oder Großbritannien. Dann folgen Festlandspanier, Franzosen, Skandinavier und Italiener. Der Sommer ist die Zeit der Familientörns. Im Frühjahr und Herbst werden die Boote in erster Linie an Gruppen vermietet, die zum überwiegenden Teil ausschließlich aus Männern bestehen.

Steinschleuderer: Artillerie der Antike

Die Steinschleuder ist eine der ältesten Waffen der Menschheit, und die Mallorquiner sowie die Bewohner der Nachbarinseln beherrschten sie wie niemand sonst. Bereits 3000 Jahre vor Christus haben die Inselbewohner die Steinschleuder zur Jagd genutzt. Die Munition: rundliche, etwa mandarinengroße Steine. Im Laufe der Jahrhunderte perfektionierten sie die Kunst des Schleuderns, so dass sie lange Zeit im Mittelmeerraum als unschlagbar galten. Immer wieder scheiterten Griechen und Karthager daran, die Insel zu erobern.

Im fünften Jahrhundert vor Christus ließen sich die Mallorquiner ihre Kunst gut bezahlen. Sie heuerten als Söldner an. Sie kämpften für und gegen die Mächtigen aus Karthago, und sie standen im Sold Roms. Die Insulaner wurden zu einem festen Bestandteil des römischen Heeres. Die Offiziere setzten sie bei Angriffen ein, um mit den Geschossen die Reihen der Gegner zu durchbrechen. Zur Abwehr bildeten zwei Werfergruppen eine Art Vorhang aus unzähligen Geschossen, durch den kein Durchkommen war.

Der Ruf der Steinschleuderer ging durch den gesamten südeuropäischen Raum. *Ballein* heißt auf Griechisch werfen. *Balearii* waren im Lateinischen die Schleuderer. Und im Phoenizischen bedeutet *ba'lé yaroh* nichts anderes als Meisterwerfer. Auch wenn die Wissenschaft nicht genau weiß, aus welcher Sprache die Inseln ihren Namen haben: Der Ausdruck Balearen geht eindeutig auf diese Kriegskunst zurück.

Die antike Steinschleuder ist nicht mit einer Zwille zu vergleichen, die heute oft benutzt wird. Sie bestand aus einem langen Streifen Leder mit einer kleinen Ausbuchtung in der Mitte. Dort hinein wurde der Stein oder später die Bleikugel gepackt, dann schwang der Schleuderer das Ganze, bis eine ausreichend hohe Geschwindigkeit erreicht war. Die Kunst war nun, in der richtigen Sekunde loszulassen, damit das Geschoss in die korrekte Richtung flog. Die Mallorquiner sollen aus 200 bis 300 Meter Entfernung damit getroffen haben.

Steinschleuderer heute

100 Meter: Entfernung, die ein Steinschleuderer heute erzielt

200 km/h: höchste gemessene Geschwindkeit eines geschleuderten Steins

5: *Clubs Foners*, mallorquinische Vereine, in denen heute noch geschleudert wird

200: offiziell lizensierte und registrierte Steinschleuderer

15: Zahl der Turniere der jährlichen Steinschleuder-WM

Schleuder-WM

Beim Schleudern zählt die Präzision. Bei den Wettbewerben werden zuerst fünf Steine auf eine Zielscheibe in 15 Schritten Entfernung geschleudert, anschließend steht die Scheibe doppelt so weit entfernt. Wer das Holz trifft, sammelt einen Punkt. Für einen Treffer ins Schwarze gibt es zwei Punkte. Mit der vom Ballermann bekannten Wasserbombenschleuder hat all das aber nichts zu tun.

Kulinarisches

Mit jeder Stunde wachsen die Portionen: die traditionellen Essenszeiten

Am Morgen (ab 7 Uhr)

- *desayuno*, besteht oft nur aus einer Tasse Kaffee in der Küche im Stehen
- für Uneilige: ein Croissant oder eine Scheibe Weißbrot mit Olivenöl und einer zerriebenen Tomate

Am Vormittag (zwischen 11–12 Uhr)

- Kaffee, gerne begleitet von einem *bocadillo*, einem belegten Brötchen, oder einer *ensaïmada*, dem typischen Schmalzgebäck der Insel
- für Hungrige: *tapa* an der Theke oder eine *empanada*, eine gefüllte Teigtasche
- für Mutige: dazu ein *carajillo*, ein kleiner schwarzer Kaffee mit einem Schuss Rum oder Brandy

Am Mittag (ab 14 Uhr)

- In fast allen Restaurants wird ein preisgünstiges *Menú del Día* angeboten, ein Mittagessen mit zwei oder drei Gängen, inkl. Wein, Wasser, Bier, Kaffee danach

- für Hungrige: Mittagsbuffet, von dem man sich so viel holen kann wie reinpasst, kostet inklusive Getränke in der Regel weniger als zehn Euro

Am Nachmittag (ab 18 Uhr)

- im Winter: Mandelkuchen oder Teilchen wie *palmeras*, die bei uns Schweineöhrchen heißen
- im Sommer: herzhaft statt süß, meistens gibt es *pa amb oli*, ein spezielles Tomatenbrot mit Schinken oder Käse

Am Abend (ab 20 Uhr, im Sommer nicht vor 22 Uhr)

- deftiges Essen
- getrunken wird Wein und Wasser, sonst nichts
- für Nachteulen: Auch alle Kinder essen selbstverständlich um 22 oder 23 Uhr mit.

Kulinarisches Vokabular

Deutsch	Spanisch	Mallorquinisch
Frühstück	desayuno	esmorzar
Mittagessen	almuerzo	dinar
Abendessen	cenar	sopa
Tisch	mesa	taula
essen	comer	menjar
trinken	beber	beure
Apfel	manzana	poma

Erdbeeren	fresas	maduixes
Orange	naranja	taronja
Pfirsich	melocotón	préssenc
Weintrauben	uvas	raïm

Andere Länder, andere Tischsitten

Empfang – Mallorquiner setzen sich niemals in einem Restaurant selbständig an einen Tisch. Sie lassen sich von einem Kellner den Tisch zuweisen oder sich dorthin begleiten.

Fremde – Mag es auch noch so voll sein im Restaurant, es käme niemand auf die Idee, sich zu Fremden an den Tisch zu setzen. Wer trotzdem fragt, wird fast immer ein Nicken ernten, denn Mallorquiner sind in der Regel sehr höflich. Allerdings darf man sich auch nicht wundern, wenn sie dann ziemlich bald ohne viele Worte bezahlen und gehen.

Sekt – Wird auf der Insel nicht als Aperitif vor dem Essen getrunken, sondern immer erst zum Abschluss.

Trinkgeld – Lässt man einfach liegen. Der Kellner wird immer das volle Wechselgeld an den Tisch zurückbringen, auch wenn man ihm vorher angedeutet hat, dass man auf einen bestimmten Betrag aufrunden will. Erst wenn er den Tisch abräumt, steckt er diskret das Geld ein, das der Gast auf dem kleinen Tellerchen mit der Rechnung zurückgelassen hat. Etwa zehn Prozent Trinkgeld sind beim Essen die Regel. In Bars oder Cafés geben Spanier meist überhaupt kein Trinkgeld.

Freier Stuhl – Es kommt häufig zu Missverständnissen, wenn man im Lokal am Nachbartisch fragt, ob ein Stuhl noch frei sei. Denn die Spanier fragen nicht nach einem »freien« Stuhl. Auf Spanisch fragt man immer, ob ein Stuhl »besetzt« ist. Immer wieder kann man beobachten, dass ausländische Gäste im besten Glauben einen Stuhl vom Tisch wegnehmen, weil der Mallorquiner mit dem Kopf genickt hat auf die Frage, ob der Stuhl »frei« sei. Genau das Gegenteil wollte er aber mit seinem Nicken ausdrücken.

Deftig, ländlich, rustikal

Von einer Insel mitten im Mittelmeer darf man eigentlich erwarten, dass Fisch in allen Variationen an erster Stelle der Speisekarte steht. Aber von wegen. Die mallorquinische Küche ist eine typische Landküche. Selbstverständlich wird auch Fisch gegessen. Aber der ist, außer in Restaurants direkt am Meer, fast immer importiert. Sollte er tatsächlich aus der

See rund um die Insel kommen, wird er extra als »fangfrischer Fisch« gekennzeichnet. Es wird nicht nur mit Olivenöl gekocht. In viele Gerichte kommt eine ordentliche Portion Schweineschmalz. Spanferkel, Schulter oder Keule vom Lamm und Kaninchen sind auf jeder guten Speisekarte zu finden. Selbst Gemüse, vor allem der auf der Insel angebaute Kohl, kann etwas schwerer im Magen liegen.

Das kommt nur auf mallorquinische Tische

Pa amb oli – Do-it-Yourself-Brote: Eigentlich nur ein Brot mit Öl, aber trotzdem etwas ganz Besonderes. In vielen Restaurants muss man sich dieses Essen selbst zubereiten. Der Kellner stellt nur die Zutaten auf den Tisch. Entscheidend ist die Reihenfolge:

1. Eine Scheibe salzloses Bauernbrot *pa moreno* – im Idealfall leicht geröstet – mit einer halben Zehe Knoblauch einreiben.
2. Eine *ramallet*-Tomate waagerecht durchschneiden. Auf keinen Fall vom Stielansatz zur Spitze schneiden! Jetzt die Tomatenhälften mit der Schnittfläche über die Brotscheibe reiben. Die Haut anschließend wegwerfen. Die speziellen Tomaten werden extra für das *pa amb oli* mit dicker Haut gezüchtet.
3. Gleichmäßig Olivenöl über das Tomatenbrot tropfen.
4. Wenn das Brot eine Hauptmahlzeit werden soll: Weitere Beläge hinzufügen, z. B. Schinken oder Käse. In manchen Restaurants, die sich auf die Brote spezialisiert haben und sich *pamboleria*

nennen, kann man aus einem bunten Sortiment auswählen, bis hin zum kleinen Schnitzelchen, dem *lomo*, das am Ende das Tomatenbrot krönt.

Coca de Mallorca – Eine Pizza mit vier Ecken: Der Teig wird wie bei einer ganz normalen Pizza zubereitet, allerdings mit einer Extraportion Schmalz. Belegt wird sie mit grüner Paprika, Tomaten und Zwiebeln, alles wird in kleine Würfel geschnitten und in einer Schüssel mit Thymian, Salz, Pfeffer, Knoblauch und Olivenöl vermischt. Wichtig: Die *coca* wird immer auf einem eckigen Blech gebacken und verzichtet ganz auf Fleisch.

Lomo con col – Schwein im Kern und Kerne am Kohl: Ein echter Winter-Klassiker. Das *lomo* ist ein kleines Schweinelendchen. Das wird mit Kohlblättern umwickelt und muss in einer kleinen Auflaufform lange im Schmalz schmoren. Den besonderen Geschmack bekommt es durch Pinienkerne in der Soße. In den traditionellen Kellern in der Inselmitte, in den *cellers*, wird das *lomo con col* oft mit der Paprikawurst *sobrasada* und mit Rosinen verfeinert.

Sopa mallorquina – Wenn Brot mit Suppe verwechselt wird: *Sopes* sind kleine dünne Brotscheiben, leicht getrocknet, etwa zwei bis drei Tage alt. Sie liegen am Boden einer Tonpfanne, werden mit Olivenöl beträufelt und bilden die Basis für ein Gericht, das früher als Arme-Leute-Essen an Arbeiter auf den Fincas verteilt wurde. Auf die Brotschicht kommt Gemüse, das gerade Saison hat: Wirsing und Blumenkohl, Lauch, Zwiebeln, Erbsen, Bohnen, Tomaten. Das Gemüse kocht in Brühe und Olivenöl. Oft kommt eine ordentliche Portion Schweineschmalz dazu.

Frito mallorquín – Auf die inneren Werte kommt es an: Mit Pommes verwandt oder verschwägert ist das *frito* höchstens durch die Kartoffeln, die in diesem Allerlei versteckt sind. Sie werden in Streifen geschnitten und frittiert. Frühlingszwiebeln, Paprika und Aubergine sind die weiteren Gemüse-Begleiter. Die große Masse ist allerdings tierisch. Sehr tierisch und sehr speziell: Innereien von Lamm, Schwein, Geflügel und Kaninchen sind in kleine Würfel geschnitten und geben dem *frito mallorquín* seinen ganz eigenen Geschmack. Herz, Leber und Nieren werden besonders gerne dafür genommen.

Tumbet – Was der Garten hergibt: Ein sehr schmackhafter Gemüseauflauf. Auberginen, Paprika, Kartoffeln, Tomaten und Zwiebeln werden wegen ihrer unterschiedlichen Garzeiten nacheinander in heißem Öl frittiert und in eine Auflaufform geschichtet. Die unterste Lage bilden Kartoffeln. Den besonderen Geschmack erhält das *tumbet* durch Knoblauch, der mit

Tomatenstückchen und Lorbeer so lange gebraten wird, bis Saft austritt und die Masse fast wie Gelee aussieht. Diese Masse wird durch ein Sieb auf das geschichtete Gemüse gegeben. *Tumbet* wird gerne zu Fisch gereicht.

Trampo – Salat mit Ecken und Kanten: Sehr frischer Sommersalat aus Tomaten, Paprika und Zwiebeln. Alle Zutaten kommen eiskalt aus dem Kühlschrank und werden in kleine Würfel geschnitten. Während man normalerweise auf Mallorca seinen Salat selbst würzt, kommt der *trampo* fix und fertig auf den Tisch, gesalzen und bereits mit Essig und Öl versehen. Manchmal wird auch etwas Thunfisch untergemischt.

Arroz brut – Der schmutzige Bruder der Paella: Ein Reisgericht, das wegen seiner dunklen Farbe als »schmutziger Reis« bezeichnet wird. War früher der Eintopf finanziell schwacher Leute, die sich mit Resten begnügen mussten. An Zutaten ist alles erlaubt, was satt macht: Kaninchen, Geflügelinnereien, Schweinekotelett, Tauben. Traditionell wird eine Blutwurst dazu gegeben. Weil Fleisch und Wurst zuerst in der Pfanne scharf angebraten werden und später noch Safran untergemischt wird, wird der Reis am Ende sehr dunkel, fast schwarz.

Ensaïmada – Schmalzschnecke für Schleckermäuler: Die berühmteste Süßware der Insel. Kaum ein Besucher vom spanischen Festland verlässt Mallorca, ohne mindestens eine *ensaïmada* mit nach Hause zu nehmen. Bei innerspanischen Flügen sieht man auf dem Flughafen auffallend häufig Passagiere am Gate sitzen, die eine große Pappschachtel auf dem Schoß haben. Die schneckenförmige *ensaïmada* wird schon seit dem 15. Jahrhundert auf Mallorca gebacken. Die größten Exemplare in den Pappschachteln haben einen Durchmesser von einem halben Meter und wiegen mehr als ein Kilo. Der Hefeteig wirkt luftig leicht, aber das ist eine arglistige Täuschung: *Saïm* ist das katalanische Wort für Schmalz. Die *ensaïmada* ist in reinem Schweineschmalz gebacken und daher nicht für Diättage geeignet. Weil sie am besten schmeckt, wenn sie noch warm ist, kaufen echte Fans sie zwischen 7 und 9 Uhr in der Bäckerei. Es gibt die Schnecken auch gefüllt mit Creme *(ensaïmada crema)* oder Engelshaar-Marmelade *(cabell d'àngel)*. Zu besonderen Festen wird auch schon mal die Paprikawurst *sobrasada* eingebacken. *Ensaïmada de Mallorca* ist ein geschützter Begriff. Pro Jahr werden auf Mallorca etwa 250 Tonnen davon hergestellt.

Bunyols –Süße Kringel aus der Fritteuse: Eigentlich gibt es *bunyols* erst im Spätherbst und in der Vorweihnachtszeit. Inzwischen sind die kleinen Kringel aber derart beliebt, dass man sie ganzjährig auf den Märkten kaufen kann. Sie bestehen aus Hefeteig, Kartoffelbrei und Zucker. Sind sie hausgemacht, werden erst kleine Kugeln aus der Masse geformt. Anschließend bohrt man mit Daumen und Zeigefinger ein Loch durch die Kugel, damit der *bunyol* auch tatsächlich wie ein Kringel aussieht.

Pa moreno – Wie Brot das Salz los wird: Mallorquiner lieben Brot. Es wird zu jeder Mahlzeit gereicht, um es mit *aioli* zu essen oder zu Suppen und Eintöpfen. Die Besonderheit: Traditionell wird das *pa moreno* ohne Salz gebacken. Dafür gibt es zwei mögliche Erklärungen: 1. Salz war in früheren Zeiten sehr kostbar. Es war eines der wichtigsten Exportgüter der Insel. Es einfach in Brot zu verbacken galt als Verschwendung. 2. Die Luftfeuchtigkeit sinkt nur selten unter achtzig Prozent. Salz zieht Feuchtigkeit an. Brot würde also innerhalb weniger Tage Schimmel ansetzen. Heute wäre das kein Problem mehr, da jeden Tag frisch gebacken wird. Früher aber wurde der Ofen nur einmal in der Woche angefeuert – so lange hätte sich kein Brot mit Salz gehalten.

Gató de Almendra – Mallorcas berühmter Mandelkuchen: Lieblingsnachspeise der Mallorquiner. Wird er als Dessert angeboten, gehört eine Kugel Vanille- oder Mandeleis dazu. Und so wird er gemacht:

9 Eier

300 g Zucker

300 g gemahlene Mandeln

1 Orange, davon die abgeriebene Schale

1 Vanilleschote, davon das ausgekratzte Mark

1 TL Zimtpulver

1 EL Semmelbrösel

Fett für die Form und etwas Mehl

Puderzucker

Zubereitung: Eier trennen. Die Eigelbe mit Zucker zu einer cremigen Masse verrühren. Mandeln, Orangenschale, Vanillemark und Zimt unter die Eigelb-Creme mischen. Eiweiß zu steifem Schnee schlagen, und abwechselnd mit den Semmelbröseln vorsichtig unter den Teig ziehen. Eine Springform mit 26 cm Durchmesser einfetten, mit Mehl bestreuen, und den Teig hineingeben. Im vorgeheizten Backofen bei 175 °C ca. 50 Minuten backen. Kuchen aus der Form nehmen, und mit Puderzucker bestreuen.

Sobrasada – Grobe Wurst für die feine Küche: Streichwurst vom Schwein mit viel edelsüßer Paprika nach uraltem Rezept. Im 17. Jahrhundert wurde die Wurst zum ersten Mal erwähnt. Bei den Hausschlachtungen im Winter, den *matances*, wird fast das komplette Fleisch des Schweins in der Wurst verarbeitet. In einem Fleischwolf wird es zerkleinert und mit Gewürzen abgeschmeckt. Dann kommt alles in Naturdärme. Die *sobrasada* muss dann bei einer Luftfeuchtigkeit zwischen 70 und 85 Prozent reifen. Auf dem Festland gelingen die Würste wegen der zu niedrigen Luftfeuchtigkeit nicht, und sie dürfen dort auch seit 1993 nicht mehr unter diesem Namen hergestellt werden. Die Bezeichnung *Sobrasada de Mallorca* ist geschützt, ebenso die Edelvariante *Sobrasada de Mallorca de Cerdo negro*. In diese Wurst kommt ausschließlich das Fleisch des schwarzen mallorquinischen Schweins.

Meist wird die *sobrasada* einfach als Streichwurst auf Brot gegessen. Je nach Geschmack kann man sie auch mit Honig oder Aprikosenmarmelade bestreichen. Wer den Kontrast zwischen der herzhaften Wurst und Süßem noch verstärken will, streut Zucker auf das *sobrasada*-Brot.

Man findet die Wurst auch in verschiedenen traditionellen Speisen wie dem *lomo con col*. Die Inselregierung hat eigens für die Wurst die Internetseite sobrasadademallorca.org eingerichtet. Sterneköche in ganz Europa nutzen die *sobrasada*, um ihre Menüs zu verfeinern. Nicht nur Mallorca-Fan Tim Mälzer hat Rezepte mit ihr kreiert. Der Hamburger Starkoch Karlheinz Hauser bietet in seinem Gourmet-Restaurant *Seven Seas* unter anderem »Verschiedenes vom Lamm, Orange, Quinoa, Bohnen, Sobrasada« an.

24 Betriebe stellten auf Mallorca *sobrasada* kommerziell her, 15 von ihnen auch die von schwarzen Schweinen. Im besten Jahr (das war 2008) produzierten sie zusammen 2 650 969 Kilogramm Wurst. Inzwischen ist auch die *sobrasada* ein Opfer der spanischen Krise geworden. Nach den letzten Zahlen von 2013 gab es noch 15 Betriebe, die zusammen nur noch 1 782 261 Kilogramm Streichwurst auf den Markt brachten.

Die exakte Zusammensetzung ist zwar bei allen Metzgern und Betrieben ein streng gehütetes Geheimnis, aber für alle gelten die gleichen Regeln. Farbstoffe und künstliche Aromen sind streng verboten.

Was drin sein muss:

– Schweinefleisch mit wenig sichtbarem Fett: 30 bis 60 %
– Schweinespeck: 40 bis 70 %
– Paprika edelsüß: 4 bis 7 %
– Salz: 1,8 bis 2,8 %
– Pfeffer, scharfe Paprika, Rosmarin, Thymian, Oregano zum Würzen

Die beliebtesten Kaffee-Variationen

Kaffee gehört auf Mallorca wie überall in Südeuropa fast zu den Grundnahrungsmitteln. Dabei verbraucht jeder Spanier rein statistisch nur 4,4 Kilo pro Jahr. Das ist in Europa unter Durchschnitt. Die Deutschen brühen zwei, die Schweizer drei Kilo mehr auf, und die Österreicher sogar mehr als das Doppelte. Allerdings hat der Kaffee auf Mallorca einen anderen Stellenwert als in nördlichen Regionen Europas. Hier wird das Kaffeetrinken regelrecht zelebriert.

Morgens wird der erste *café solo* im Stehen an der Bar getrunken – oder ein *café con leche*. Letzteren wiederum würde man niemals am Nachmittag trinken. Normalerweise gibt es auf Mallorca keinen Filterkaffee. Der normale Kaffee kommt immer aus der Maschine (*de machina*). Wer einen löslichen Kaffee möchte, bestellt ihn *del sobre* – wörtlich übersetzt »aus der Tüte«. Schwieriger wird es beim *café del filtro*. Den bekommt man höchstens an Orten mit vielen deutschen Urlaubern.

Viele Mallorquiner trinken ab dem Mittag ihren Kaffee ohne Koffein. Wer seinen Kaffee zwar nicht koffeinfrei, aber dennoch nicht so stark trinken möchte, kann ihn immer als *corto de café* bestellen. Dann nimmt der Barista nur etwa die Hälfte der üblichen Kaffeepulvermenge.

Café con leche 1,30–1,80 Euro – Kaffee mit Milch. Bei den meisten Urlaubern die beliebteste Variante. Zu einem kleinen schwarzen Kaffee wird mindestens die doppelte Menge heißer Milch gegossen – im Idealfall gießt der Kellner die aufgeschäumte Milch am Tisch in die Tasse.

Café solo ca. 1,20 Euro – Espresso. Klein, stark, schwarz und mit ordentlich Druck gebrüht. Wer es noch eine Nummer stärker haben will, bestellt einen *solo doble*.

Americano 1,20–1,70 Euro – Schwarzer Kaffee in einer größeren Tasse. Ohne Milch. Bei weitem nicht so stark wie ein *café solo*, vom Koffeingehalt eher zu vergleichen mit einem Filterkaffee.

Cortado 1,30–1,50 Euro – Ein *café solo* mit etwa einem Drittel Milch. Einen guten *cortado* erkennt man daran, dass der Schaum richtig fest auf Glas oder Tasse steht. Üblicherweise wird er mit heißer Milch zubereitet. Damit sie ihn schneller trinken können, bestellen Mallorquiner den *cortado* oft mit lauwarmer *(leche natural)* oder kalter *(leche frìa)* Milch.

Carajillo 2,00–2,50 Euro – Ein *café solo* mit einem ordentlichen Schuss Alkohol. Wenn man nichts sagt, wird er mit Brandy gemischt. Mallorquiner trinken ihn aber auch gerne mit dem Rum *Amazonas*. Auch mit Anislikör, Baileys oder Whiskey möglich.

Café con hielo bis zu 0,30 Cent Aufschlag – Kaffee mit Eis – allerdings nicht zu verwechseln mit einem üblichen Eiskaffee, den man in Mitteleuropa meist mit Vanilleeis trinkt. Zum normalen Kaffee bekommt man ein Glas voller Eiswürfel. Über diese schüttet man seinen heißen Kaffee. Binnen Sekunden wird er kalt. In manchen Bars wird ein Zuschlag von bis zu 30 Cent für die *hielos*, die Eiswürfel, verlangt. Ist die Hitze besonders groß, lassen sich viele Mallorquiner eine Schreibe Zitrone bringen, damit der *café con hielo* noch eine Spur mehr erfrischt.

Bombón 2,00–2,50 Euro – Der Name täuscht nicht: Dieser Kaffee schmeckt zuckersüß wie eine Praline. Und so ähnlich sieht er auch im Glas aus. Zuerst kommt eine Schicht gesüßte Kondensmilch ins Glas *(leche dulce)*, darüber der *café solo*, obendrauf heiße Milch. Alle Teile zu jeweils einem Drittel. Ein Klassiker für die Wintermonate.

Die edelsten Kaffeehäuser

Der Mallorquiner Juan Picornell hatte 1993 die Idee, auf Mallorca ganz besondere Cafés zu betreiben: Eine Mischung aus Wiener Kaffeehaus, deutscher Konditorei und Bistro. 21 Jahre war er damals alt. Sein erstes *Cappuccino Grand Café* eröffnete er im Südwesten, in Palmanova. Eine weitere Filiale an Palmas

Hafenpromade und 1998 ein pompöses Haus in der Fußgängerzone folgten. Letzteres gilt als schönstes Kaffeehaus Spaniens. Inzwischen gibt es elf Filialen auf Mallorca. Von der Untertasse bis zu den Bildern sucht Picornell alles selbst aus. Die Unternehmensphilosophie wird eigens in der Hauptfiliale geschult. Jeder Mitarbeiter muss wissen, wie ein guter Kaffee zubereitet wird. Ein bis zwei neue Leute stellt Picornell jede Woche ein – angeblich aus wöchentlich rund 200 Bewerbern.

Juan Picornell hat so auch dafür gesorgt, dass die Insel fast eine *Starbucks*-freie Zone ist. Lediglich ins Flughafengebäude hat sich die amerikanische Kette bislang getraut.

Auswärts Essen und Trinken in Zahlen

3646 Restaurants
273737 Sitzplätze in Restaurants
5613 Bars
259895 Sitzplätze in Bars

Wie der Baum in die Flasche kommt: das Geheimnis eines guten Hierbas

Mal giftgrün, mal dunkel, manchmal sogar mit Goldschimmer: Der *hierbas* ist das mallorquinischste Getränk, das die Insel zu bieten hat.

Hierbas heißt übersetzt Kräuter. Welche Kräuter (immer: Anis, Fenchel, Rosmarin) im *hierbas* enthalten sind, entscheidet, wie gut er schmeckt. Auch die Süße variiert. Ein *dulce* erinnert fast an Zuckerwasser. Von einem guten *secas* sagt man, er müsse so trocken sein, dass man hinterher das Glas nur noch abstauben muss. Erstaunlicherweise hat die trockene Variante mit 35 Prozent Alkohol deutlich mehr Umdrehungen als die süße mit 20 Prozent. Die goldene Mitte heißt *mixtas* und ist der beliebteste *hierbas*.

Die Kräuter sollen bei der Verdauung helfen, also wird er als *chupito* gereicht, zu vergleichen mit einem Kurzen in Deutschland. Die sieben kommerziellen Hersteller produzieren jedes Jahr mehr als eine Million Liter. Das meiste davon wird noch auf der Insel wieder weggetrunken, rund ein Viertel wandert als Exportware unter dem seit 2002 geschützten Label *Hierbas de Mallorca* ins Ausland. So viel zur offiziellen Beschreibung.

Da wir aber wissen, dass Menschen besonders phantasievoll und clever werden, wenn es um alkoholhaltige Getränke geht, kann die Geschichte über den *hierbas* an dieser Stelle noch längst nicht beendet sein. Der *hierbas* ist nämlich eigentlich Familiensache. Und ein Geheimnis. Und das wird gehütet wie ein Schatz.

Wenn der *hierbas* zum Frühjahrsende oder Sommeranfang zusammengebraut wird, ist das ein echtes Ereignis. Auf einer Finca der Familie kommen alle zusammen und sammeln Kräuter, die auf dem Gelände wachsen. Was nicht dort wächst, aber zum Rezept gehört, wird mitgebracht. Dann kommen die Kräuter in Flaschen. Anis hat Vortritt vor allen anderen Zutaten, mindestens ein ganzer Stängel muss rein. Der sieht aus wie ein kleiner Baum in der Flasche. Einer aus der Familie sagt an, was als Nächstes in die Flasche soll – und wie viel davon.

Nach und nach füllen sich die Glasflaschen mit weiteren Stängeln, Schalen, Blättern, Beeren und Bohnen. Und dann kommt der Alkohol in Form von Anislikör, süß oder trocken, industriell hergestellt, fertig gekauft. Die Flaschen werden bis zum Rand gefüllt, und dann beginnt eine lange Wartezeit.

Drei Monate muss der neue *hierbas* nun reifen. Ist eine Flasche anschließend leer getrunken, ist ihre Zeit noch nicht vorbei. Die Kräuter werden einfach erneut mit Anislikör aufgegossen. Das geht so lange, bis im nächsten Jahr das Prozedere von vorne beginnt.

Das Rezept

1 Stängel Anis	Melisse
0,7 l Anislikör	Thymian
Fenchel	Oregano
Rosmarin	Lorbeerblätter
Minze	Piniennadeln
Orangenschalen	Kirsche
Kamille	Kaffeebohnen

Zubereitung: Die Anis-Stange kommt zuerst in die Flasche. Dann Fenchel, Rosmarin und Minze dazugeben. Je nach Geschmack mit den obigen Zutaten verfeinern. Die einzelne Kirsche gibt dem Likör eine sattere Farbe, Kaffeebohnen versehen den *hierbas* mit einer ganz besonderen Note. Unbedingt beachten: Nur eine ungerade Anzahl Bohnen darf in der Flasche landen. Alles andere bringt Unglück. Zum Schluss die Flasche mit Anislikör bis zum Rand aufgießen, verkorken und in einem kühlen, dunklen Raum aufstellen.

Palo: Medizin vor dem Essen

Wenn der *Palo* aus der Flasche läuft, sieht es aus, als ergieße sich flüssiges Lakritz ins Glas: schwarz, dick und zäh. Aber mit Lakritz hat dieses Getränk rein gar nichts zu tun. Der Name kommt von der Chinabaumrinde, auf Spanisch *palo quina*. Im 17. Jahrhundert versuchte man damit genauso wie mit Enzianwurzeln Fieber und Malaria zu heilen. Wegen des bitteren Geschmacks mischten die Apotheker die dunkle Arznei mit Zuckerkonzentrat aus Trauben und getrockneten Feigen und erhitzten das Ganze. Dabei karamellisierte der Zucker und verfärbte die Flüssigkeit schwarz. Um ihn haltbarer zu machen, setzten die Apotheker dem *Palo* 30-prozentigen Alkohol zu, und fertig war eine Medizin, die man trinken konnte.

Inzwischen sind die medizinischen Anteile Chinabaumrinde und Enzianwurzel nur noch zu ganz geringen Teilen im Likör; Alkohol, Zucker und diverse Kräuter stellen die Basis des Getränks. Zur Zeit des Zweiten Weltkriegs, als Zucker knapp war, wurde mit Johannisbrotkernmehl gesüßt. Wohl deshalb und wegen der dunklen Farbe hält sich hartnäckig das Gerücht, *Palo* sei ein Likör aus Johannisbrot.

Der *Palo* wird vor dem Essen getrunken, als Aperitif – im Sommer mit Eiswürfeln, meist auch mit Wasser, Tonic oder der Zitronenlimonade *Gaseosa*. Viele Bars bieten *Palo* in Mixgetränken an. Beliebt ist er mit Gin und einer Zitronenscheibe. Oder mit Milch und geraspeltem Eis. Unbedingt probieren sollte man *Palo* mit *Cointreau* und einer Prise Zimt. Acht Likörfabriken auf Mallorca stellen *Palo* her. Sie produzieren pro Jahr 140 000 Liter. *Palo*, sagen viele, schmeckt nur auf Mallorca und nirgendwo sonst. Die Exportzahlen scheinen das zu beweisen. 80 Prozent des schwarzen Likörs werden direkt auf Mallorca getrunken, nur jede fünfte Flasche verlässt die Insel.

Was der Likör über ein Restaurant aussagt

An drei Dingen erkennt man ein gutes mallorquinisches Restaurant. Selbstverständlich zuerst am typischen, deftigen Essen mit einer guten Weinauswahl. Aber auch an einem Ambiente aus *marés*-Sandstein an den Wänden, schönen, alten Fliesen am Boden, und einer Beleuchtung, die ganz ohne Neonröhren auskommt. Und an der Flasche danach.

Stufe 1: Der Kellner bietet nach dem Essen einen *chupito* an, einen kleinen Schnaps, Cognac oder Likör. Der *chupito* geht selbstredend aufs Haus. Der Kellner bringt die gefüllten Gläser an den Tisch.

Stufe 2: Der Kellner bringt Gläser sowie *hierbas*, Cognac oder auch Brandy in Flaschen an den Tisch. Der Gast kann bestimmen, wie voll das Glas sein soll.

Stufe 3: Der Kellner stellt Gläser sowie *hierbas*, Cognac oder auch den Brandy in Flaschen auf den Tisch und geht wieder. Die Gäste dürfen sich dann selbst einschenken.

Stufe 4: Der Wirt bietet seinen Gästen den Familien-*hierbas* an. Nur guten Freunden serviert man diesen Schatz.

Sieben Sterne strahlen über Mallorcas Küchen

3646 Restaurants und nur sieben Michelin-Sterne: Das klingt nicht nach einer erfolgreichen Gourmet-Küche. Die viel kleinere Insel Sylt preist sich mit neun Sternen. Aber einige Köche in mallorquinischen Restaurants haben in den vergangenen Jahren freiwillig ihre Sterne zurückgegeben. Sie wollten sich dem Stress der jährlichen Bewertung nicht mehr stellen.

Zu den Aussteigern zählt Gerhard Schwaiger. Der Deutsche ist der Boss in der Küche des Edel-Restaurants *Tristán* im Hafen von Puerto Portals. Über drei Jahrzehnte war das *Tristán* die Topadresse für Gourmets. 1988 kam der erste Stern, zwei Jahre später sogar ein zweiter. Internationale Prominenz ging dort ein und aus – einschließlich der spanischen Königsfamilie. Als das *Tristán* 2009 nur noch mit einem Stern ausgezeichnet wurde, gab Schwaiger im Jahr darauf auch den anderen Stern ab. Die Folge: Die Preise sind nicht mehr ganz so hoch, aber die Speisekarte ist noch immer erstklassig.

Der zweite Sterne-Aussteiger ist der baskische Koch Koldo Royo. Er war der Liebling der mallorquinischen High Society. Das Restaurant trug den Namen seines Besitzers, im Eingangsbereich hing ein lebensgroßes Ölgemälde des Starkochs. Als Michelin ihm seinen Stern abnahm, verwandelte er sein Restaurant in eine Tapas-Bar. Inzwischen kocht er nur noch an seinem Imbisswagen vor einem Großmarkt. Drei Tage die Woche macht er selbst Hotdogs, in der restlichen Zeit kocht er im spanischen Fernsehen, schreibt an seinem Blog und gibt Kochkurse.

Hier funkelt jeweils ein Stern

Simply Fosh – Hotel *Convent de la Missió* in Palma, Michelin-Stern seit 2015, Koch: Marc Fosh, Degustationsmenü mit sieben Gängen: 75 Euro

Andreu Genestra – Hotel *Predí Son Jaumell* in Capdepera, Michelin-Stern seit 2015, Koch: Andreu Genestra, Degustationsmenüs: 38 und 60 Euro

Es Molí d'en Bou – Hotel *Protur* in Sa Coma, Michelin-Stern seit 2012, Koch: Tomeu Caldentey Soler, Degustationsmenü: 98 Euro

Zaranda – Hotel *Castell Son Claret* in Es Capdellà, Michelin-Stern seit 2013, Koch: Fernando Pérez Arellano, Degustationsmenü mit sechs Gängen: 100 Euro, Degustationsmenü mit neun Gängen: 125 Euro

Es Racó d'es Teix – in Deià, Michelin-Stern seit 2003, Koch: Josef Sauerschell, Degustationsmenü mit vier Gängen: 72 Euro, Degustationsmenü mit sechs Gängen: 98 Euro

Es Fum – Hotel *St. Regis Mardavall* in Costa d'en Blanes, Michelin-Stern seit 2011, Koch: Rafael Sánchez, Sechs-Gang-Menü: 130 Euro, Acht-Gang-Menü: 146 Euro, Zehn-Gang-Menü: 156 Euro

Jardín – in Port d'Alcúdia, Michelin-Stern seit 2011, Köchin:
Macarena de Castro, Degustation-Menü mit elf Gängen: 85 Euro

Wem Sterne egal sind: die üblichen Verdächtigen

McDonald's: 15 Filialen
Burger King: 10 Filialen
Subway: 5 Filialen
Pizza Hut: 3 Filialen

Bonuslevel für Experten

Mallorca ohne Muskelkater entdecken

Wer es schafft, einen der elf Berge mit mehr als tausend Metern Höhe zu bezwingen, wird mit einem grandiosen Ausblick auf die Insel belohnt. Aber mit Wandern allein ist es meist nicht getan. Oft muss man richtig klettern, über Zäune steigen, sich womöglich an gefährlichen Stellen mit einem Seil sichern. Das muss nicht sein. Das geht auch einfacher. Mallorca hat ein paar Anhöhen, niedrigere Berge, bequem mit dem Auto zu erreichen, die trotzdem fast genauso faszinierende Aussichten wie die großen Brüder im Norden der Insel bieten.

Puig de Randa (542 Meter) – Zwischen den Ortschaften Llucmajor und Algaida über das Dorf Randa zu erreichen. Wirkt wie ein Tafelberg. Man erkennt ihn an seiner markanten Form von der Ostküste bis in den Südwesten. Im Norden kann man bis zum Tramuntana-Gebirge und der Bucht von Pollença sehen, im Osten bis zu den Calas und im Süden weiter über Palma hinaus bis zur Insel Cabrera. Das ist 360-Grad-Mallorcafeeling pur. Gilt mit seinen drei Klöstern als »heiliger Berg« der Insel.

Puig d'Alaró (822 Meter) – Auffahrt beim Dorf Alaró, auf dem Weg nach Orient. Das Restaurant *Es Verger* ist sehr gut ausgeschildert. Über mehr als vier Kilometer geht es nach oben, in engen Kurven und Kehren. Am Restaurant, das auf der ganzen Insel für sein geschmortes Lamm bekannt ist, gibt es einen sehr großen Parkplatz. Die Aussicht von dort über die komplette Ebene Mallorcas ist überwältigend. Wer ganz nach oben will, muss sich auf einen strammen Fußmarsch von mehr als zwei Stunden einstellen. Der Blick aus 822 Metern ist noch etwas eindrucksvoller. Auf der Spitze kann man die alte Burgruine *Castell d'Alaró* besichtigen und dort nach vorheriger Anmeldung sogar übernachten.

Puig d'Inca (287 Meter) – Östlich von Inca, über die Straße nach Llubí zu erreichen. Direkt hinter dem Ortsausgang von Inca biegt man am Schlachthof links ab, fährt über die Autobahnbrücke und landet am Ende automatisch auf der Zufahrt zum Berg. Oben gibt es ein Panorama-Restaurant, das halb in den Berghang gebaut ist, und die alte Kapelle *Ermita de Santa Magdalena*, die fast nur noch für Trauungen genutzt wird. Wer mag, kann über einen gut ausgebauten Weg zum Zwillingsberg spazieren und die Aussicht aus einer leicht veränderten Perspektive noch einmal genießen.

Ermita de Bonany bei Petra (317 Meter) – Liegt zwischen den Dörfern Petra, Vilafranca und Sant Joan in der Inselmitte. Man erreicht ihn über den Südrand Petras, nach nur vier Kilometern auf einer gut asphaltierten Straße kommt man zu einem Parkplatz. Von hier aus kann man rundum in die fruchtbare Ebene Mallorcas schauen, die Es Pla heißt. Man sieht von oben die Felder und Fincas, kleine Wälder und die Dörfer in der Mitte. Im Nordosten reicht der Blick bis zum Meer, zur Bucht von Alcúdia. Auch die kleine Kapelle *Ermita de Bonany* ist sehenswert. *Bonany* heißt »gutes Jahr«. Konkret meinten die Mallorquiner damit 1609. Nach Jahren der Dürre und schlechten Ernten fiel endlich wieder Regen. Aus Dank bauten die Bewohner der umliegenden Dörfer der Mutter Gottes die Kapelle.

Puig de Montision bei Porreres (263 Meter) – Etwa vier Kilometer südlich von Porreres findet man das Schild zum Montision. Dann geht es drei Kilometer lang mit sanften Kurven in die Höhe, immer vorbei an Johannisbrotbäumen, Kiefern, wilden Oliven und Kreuzweg-Stationen, von denen die älteste aus dem 15. Jahrhundert stammt. Ein riesiger Steinbruch, in dem *marés*-Stein abgebaut wird, stört den Blick zwar kurz, verschwindet aber gleich nach der nächsten Kurve wieder. Vom Plateau aus kann man bis zum Südzipfel Mallorcas blicken, sieht den Strand Es Trenc und die vorgelagerte Insel Cabrera. Das Kloster aus dem 14. Jahrhundert wird heute nur noch für Veranstaltungen genutzt.

Kalvarienberg Pollença (170 Meter) – Der klassische Weg führt über die Treppen von Pollenças Altstadt, und er ist sehr beschwerlich: 365 Stufen – jede für einen Tag im Jahr – können gerade im Hochsommer außerordentlich schweißtreibend sein. Von der Straße von Pollença nach Sóller geht eine Auffahrt ab, die über die Rückseite des Kalvarienberges bis ganz nach oben führt. Wer mit dem Auto kommt, sieht auch nicht weniger als die Treppensteiger: Einen tollen Blick über Pollença und das Umland bis hinunter in die Bucht und nach Alcúdia. Auch die kleine Barockkapelle ist einen Besuch wert.

Puig de Sant Salvador (510 Meter) – Erreichbar über eine Abfahrt zwischen Felanitx und Portocolom. Sechs Kilometer geht es nach oben. Die Christus-Statue, die auf einem 43 Meter hohen Sockel steht, ist ein beliebtes Fotomotiv – ebenso wie die Aussicht auf den Ostteil Mallorcas. Das Kloster stammt aus dem Jahr 1348 und wurde bis vor gut zehn Jahren noch von Mönchen verwaltet. In einem Teil des alten Klosters ist heute ein hübsch renoviertes Hotel samt Restaurant untergebracht. Wer die Toilette im Café besucht, wird staunen: Keine zweite auf der ganzen Insel bietet einen solchen Ausblick.

Sa Fita del Ram bei Esporles (510 Meter) – Direkt am südlichen Ortseingang von Esporles links abbiegen, dort ist der Ortsteil Es Verger ausgeschildert. Etwa vier Kilometer geht es in Serpentinen aus dem Esporles-Tal steil hinauf. Dann erreicht man am Berghang der Sa Fita del Ram ein altes Herrenhaus aus dem 16. Jahrhundert. Heute beherbergt die einstige Luxus-Finca das Hotel *Posada del Marqués* mit großem Parkplatz. Der größte Luxus ist der atemberaubende Blick von der Terrasse. Vom Südhang der Tramuntana aus blickt man über ein riesiges Naturschutzgebiet bis zur Bucht von Palma über die komplette Stadt hinweg.

Castell de Bellver in Palma (112 Meter) – Durch das Terreno-Viertel in Palma gelangt man zu dieser alten Burg mit ihren Zinnen, die über der Hauptstadt thront. Nur wenige Minuten braucht man von den eng bebauten Gassen des Viertels bis nach ganz oben. Der Weg ist ausgeschildert. *Bellver* ist altkatalanisch und heißt »Schöner Blick« – und dieser Name ist absolut verdient. Von keiner anderen Stelle der Insel sieht man den sechs Kilometer langen Sandstrand der Platja komplett. Das Schloss wurde im 14. Jahrhundert erbaut und war zeitweise Sitz des Königs von Aragón, der vor der Pest auf dem Festland geflohen war. Über Jahrhunderte diente es als Gefängnis. Die Besonderheit des Castells: Die Festung ist kreisrund, das gibt es sonst nirgendwo in Europa.

Coll de Sóller (496 Meter) – Mallorcas schönster Umweg. Wer zwischen Palma und Sóller nicht den mautpflichtigen Tunnel durchfahren will, muss diese 7-Kilometer-Strecke über den Coll de Sóller auf sich nehmen, einen der wenigen echten Pässe auf der Insel. Zahllose Kurven führen hinauf, aber jeder Meter Steigung wird mit einer Extraportion Aussicht belohnt. Man kann sich gar nicht satt sehen auf dieser Strecke. Im Norden schaut man zu den hohen Gipfeln der Tramuntana, im Süden nach Palma, im Hintergrund zur Platja. Oben angekommen, findet man einen kleinen Parkplatz, der sich hervorragend eignet, um ein Foto zu schießen. Der Weg hinunter in Richtung Sóller ist nicht weniger beeindruckend.

Mallorca anders entdecken

Der schönste Sundowner

»Im Osten geht die Sonne auf, im Süden ist ihr Mittagslauf, im Westen wird sie untergehen, im Norden ist sie nie zu sehen.« Die windschiefe Form Mallorcas macht diese Regel kompliziert. Im Westen, in Sant Elm oder in Port d'Andratx, kann man zwar schöne Sonnenuntergänge beobachten, aber den Atem rauben einem die Untergänge an der Steilküste im Nordwesten. In Banyalbufar etwa oder in Llucalcari, dem kleinsten Dorf der Insel mit einem guten Dutzend Häusern und einem kleinen Hotel. Dort trifft man sich zum Sundowner am Pool und lässt den Tag relaxed ausklingen. Wer all das noch steigern möchte, muss ein paar Kilometer weiter fahren: Zwischen Deià und Valldemossa liegt *Son Marroig*, das frühere Landgut des Erzherzogs Ludwig Salvator von Österreich. Über der Steilküste thront das alte Anwesen, direkt daneben steht ein schmucker Pavillon aus weißem Carrara-Marmor, unten tobt die See und schlägt ihre Wellen an die Landzunge Na Foradada, deren Felsen 250 Meter weit ins Meer ragen. Die Spitze der Landzunge hat ein riesiges Loch mit 18 Metern Durchmesser, und wer die richtige Stelle erwischt, sieht durch dieses Loch die Sonne am Horizont ins Meer eintauchen. Selbst hartgesottene Gesellen bekommen vor Ergriffenheit eine Hühnerhaut, eine *piel de gallina*. So nennen die Mallorquiner nämlich das, was wir unter einer Gänsehaut verstehen.

Das Wunder der sprudelnden Quelle

An mehr als 300 Tagen im Jahr ist es ein normales Waldstück bei Campanet in der Inselmitte. Aber manchmal verwandelt sich der Waldboden dort in eine riesige Quelle. Aus dem Boden sprudelt das Wasser, und ein reißender Bach stürzt zwischen den Bäumen ins Tal. Wo man am Tag zuvor noch auf der Picknickdecke saß, schießt das Nass an die Erdoberfläche. *Fonts Ufanes* wird dieses Wasserwunder genannt, sprudelnde Quellen. Nur, wenn es ein paar Tage hindurch kräftig geregnet hat, sprudelt es hier, zwei- oder dreimal im Jahr. Pro Sekunde kommen dann 100 Kubikmeter Wasser nach oben. Danach ist der Spuk genauso schnell vorbei, wie er gekommen ist. Die Mallorquiner strömen zu Hunderten zu den *Fonts Ufanes*, sobald die Tageszeitungen das Wunder melden. Geologen können das Phänomen inzwischen erklären: Eine riesige Wasserader drückt nach starken Regenfällen nah an die Erdoberfläche und zerfranst sie regelrecht, so dass das Wasser auf einer großen Fläche nach oben gedrückt wird und dann zwischen den Steinen hervorsprudelt. Das ganze Gebiet steht unter Naturschutz, und die Regierung hat feste Wanderwege auf dem Gelände anlegen lassen.

Der Zauber der farbigen Kathedrale und das magische Auge

Die Kirchenfenster in Palmas Kathedrale *La Seu* sind etwas ganz Besonderes. Dafür ist in erster Linie das Rundfenster an der Stirnseite direkt über dem Altarraum verantwortlich. Knapp elf Meter Durchmesser hat die Rosette aus dem 14. Jahrhundert, sie gilt als größtes gotisches Rundfenster der Welt und besteht aus 1200 farbigen Glasteilen. Rote Punkte und blaue Blüten sind dort zu sehen, gelbe und grüne Blumen. Ihren ganzen Zauber entfaltet die Rosette am Vormittag, wenn die Sonne direkt durch sie in die Kathedrale scheint, zur Heiligen Messe am Morgen. Es sieht aus, als habe der liebe Gott persönlich einen riesigen Diaprojektor aufgestellt, damit sich an den Kirchenwänden die unzähligen farbigen Lichtreflexe widerspiegeln können. »Kathedrale des Lichts« wird *La Seu* auch genannt. Zum riesigen Rundfenster an der Stirn kommen noch vier weitere Rosetten, die kleiner sind, und sechzig farbige Spitzbogenfenster. Zweimal im Jahr wird *La Seu* zu einem wahrhaft mystischen Ort. Dann nämlich, wenn sich der bunte Ball aus den Sonnenstrahlen der großen Rosette direkt unter die kleinere Rosette an der gegenüberliegenden Rückwand schiebt. Dann entsteht dort eine riesige Acht, um die sich viele Geschichten ranken. Die Mallorquiner nennen dies das »magische

Auge«. Die beiden Tage, an denen dieses Schauspiel zu sehen ist, sind jedes Jahr der 2. Februar und der 11. November.

Die beste Schokolade der Welt in der Tasse

Wir würden es vielleicht als Kakao bezeichnen. Aber das trifft es nicht im Geringsten. Was im ältesten Kaffeehaus Palmas serviert wird, das ist flüssige, fast reine Schokolade. Dicksämig. Heiß. Unfassbar süß. *Ca'n Joan de S'Aigo* heißt das Café in Palmas Altstadt, ganz in der Nähe der Kirche *Santa Eulalia*. Der Namensgeber Joan hatte angeblich bereits um 1700 die Idee, das Eis, das er aus den Bergen der Tramuntana in die Stadt gebracht hatte, mit Schokolade anzureichern. Eis gibt es nicht mehr dazu, aber die Schokolade ist geblieben. Das Café selbst wurde Anfang des 18. Jahrhunderts eröffnet. Noch heute atmet es den Duft der alten Zeit. Am Boden sieht man noch die alten Kacheln, und die Einrichtung ist ein Sammelsurium aus Jugendstil und Biedermeier. An der Decke hängen Kronleuchter aus buntem Glas und Vogelkäfige. Alles wirkt, als sei die Zeit irgendwann in einem vergangenen Jahrhundert stehengeblieben. Wenn man durch die Tür eintritt, steigt der süße Dampf der heißen Schokolade sofort in die Nase. Die *taza de chocolate* ersetzt auch mal eine komplette Mahlzeit.

Frischer Fisch

Frischer ginge es nur, wenn man selbst auf einem Fischerboot mitfahren würde. In Palmas schönster und größter Markthalle, dem *Mercat de L'Olivar* im Zentrum zwischen Plaça Major und Plaça d'Espanya, ist die Fischhalle schier überwältigend. Ein Stand reiht sich an den nächsten. Dort ist alles zu finden, was das Meer hergibt. Man kann sich gar nicht satt sehen an den *merluzas* und *lenguados*, an den Garnelen, den Hummern und Muscheln. Vieles ist importiert, aber einiges kommt auch aus mallorquinischen Gewässern. Der *llampuga* beispielsweise, die Goldmakrele, die sie aus der Cala Ratjada fischen, oder die Gambas aus Sóller. Alles ist so appetitlich präsentiert, dass man direkt reinbeißen möchte. Und das kann man auch. Die Fischhalle – seit 1951 eine Institution in der Stadt – verwandelt sich immer mehr in einen riesigen Delikatessen-Tempel. Gleich drei Theken mit frischem Sushi findet man hier. Thomas Wilden, ein ehemaliger Sternekoch aus Deutschland, gilt als Sushi-Pionier, er betreibt auch eine Bar, an der es ausschließlich Lachs gibt. An den Austernständen wird Champagner angeboten. Vor allem an Freitagen und Samstagen treffen sich viele Mallorquiner im *Mercat de L'Olivar* zu einem Plausch, zu einem Treff mit Freunden und einer Fisch-Tapa zwischen den Einkäufen.

Nervenkitzel mit Hai

Ein Aquarium nur fünfzig Meter vom Meer entfernt –
das klingt, als hätte jemand einen ganzen Container
Eulen nach Athen gebracht. Aber was man im *Palma-
Aquarium* sehen und erleben kann, bekommen in
der Natur wohl selbst geübte Taucher nicht vors
Auge. Das Aquarium ist riesig, eines der größten
in ganz Europa, das modernste Spaniens. In fünf
Millionen Litern Salzwasser leben dort 8000 Meeres-
tiere aus allen Ozeanen des Erdballs. So nah ist man
Fischen, Krebsen oder Meeresspinnen nur selten.
Zum Glück. Denn zu manchen Quallen – wie etwa
der Lungenqualle, der Kompassqualle oder der sehr
gefährlichen Portugiesischen Galeere – hält man im
Meerwasser besser Abstand. Ihnen widmet das Aquarium einen ganzen abgedunkelten Raum. Nur die
Medusen leuchten. Sie werden in ihren Glasbecken
farbig angestrahlt. Wie Gespenster schweben sie im
Wasser, erstrahlen mal blau, mal rot, mal grün. Es
geht aber auch schauriger. Am riesigen Hai-Becken.
Gran Azul nennen sie es, das Große Blaue. Zehn Haie
schwimmen dort, der kleinste ist gerade mal 50 Zentimeter, der größte mehr als zwei Meter lang. Manche Stammgäste kommen zum Meditieren oder zum
Yoga her. Kinder können am Wochenende bei den
Haien schlafen. »Hai-Sitting« heißt diese Aktion. Wer
noch näher ran will, darf sogar ins Becken. Mit Tauch-

ausrüstung darf man im *Gran Azul* tauchen und die Haie füttern.

Tanz mit dem Teufel

Sie sehen zum Fürchten aus. Der Kopf feuerrot. Lange Zähne schauen aus dem Mund. Und auf der Stirn stehen zwei spitze Hörner ab. Das muss der Teufel sein, der plötzlich mit seinen Kumpanen aus dem Nichts auftaucht. Dieses Wesen ist ein *dimoni* – ein Dämon aus einer Zeit, bevor das Christentum auf die Insel kam. Zu besonderen Festen springen die d*imonis* durch die Straßen, tragen Lanzen, aus denen Feuer speit. Wahre Funkenregen ergießen sich aus den langen Spitzen. Überall wabern die Rauschschwaden. Die maskierten Gestalten huschen zwischen den erschrockenen Besuchern hin und her. Kleine Glöckchen bimmeln dabei an ihren Kostümen. Die *dimonis* stellten tierische Instinkte dar, die die zivilisierten Menschen verdrängt haben, schreibt der Historiker Carlos Garrido in seinem Buch »Mallorca Mágica«. Deshalb setzen sich die schaurigen Kostüme auch aus Elementen und Farben zusammen, die wir als bedrohlich empfinden: aus spitzen Hörnern und Fledermaus-Flügeln; aus dunklem Rot, das an Blut erinnern soll, oder Grün, das der Haut von Schlangen oder Echsen nachempfunden ist. Die *dimonis* kommen meist in der Nacht vom 16. auf den 17. Januar, wenn *Sant Antoni* gefeiert wird. Man könnte meinen, mit dem Schauspiel werde eine uralte Tradition gepflegt. Aber das ist nur zum Teil richtig. Solche *correfocs* sind nur vom Festland überliefert. Über Jahrhunderte wurde die Tradition vergessen, bis einige Jugendliche in den neunziger Jahren das alte Schauspiel wieder aufgriffen: In vielen Dörfern wurden Gruppen gegründet, 26 *colles de dimonis* – Teufels-Vereine – gibt es inzwischen. Das ganze Jahr über arbeiten sie an ihrer Choreographie, proben Sprünge, Tanzschritte, Schreie. Am spektakulärsten sind die *correfocs* in Capdepera, in Sa Pobla und in Alaró. In Palma treiben sie am Fest des Schutzheiligen *Sant Sebastià* am 20. Januar ihr Unwesen.

Zu Fuß durch den Canyon

Die Schlucht Torrent de Pareis im Nordwesten Mallorcas heißt wörtlich übersetzt »der doppelte Sturzbach«. Die Schlucht erstreckt sich über drei Kilometer Luftlinie, zu Fuß verdoppelt sich die Strecke locker. Torrent de Pareis ist riesig, größer ist im ganzen Mittelmeerraum nur die Samaria-Schlucht auf Kreta. Riesige Felsen rechts und links empfangen die Besucher am Einstieg. An Felsbrocken, so groß wie Mittelklasse-Wagen, muss man sich vorbeidrücken, der Pfad ist oft kaum breiter als der eigene Körper, und rechts und links ragen die steilen Felswände nach oben, lassen oft nur einen kleinen Schimmer Sonne bis zum Boden durch und sorgen so für eine Dunkelheit, der die Schlucht im Volksmund ihren Namen verdankt: *Sa fosca* nennen die Mallorquiner sie – die Dunkelheit. Rund einen Kilometer vor dem Ziel stößt man dann auf die »Glockenhöhle« – die Cova de sa Campana. Die hat eine amtliche Tiefe von 317 Metern und dazu alles, was man von einer echten Naturhöhle erwartet: gruselige Dunkelheit und Tropfsteine. Dabei ist der Weg durch den Torrent nicht zu unterschätzen. Rund siebzigmal muss die Bergwacht in jedem Jahr ausrücken. Wer einen Guide bucht, ist klar im Vorteil. Denn nicht immer ist der Pfad durch den Torrent gut ausgeschildert. Schafft man es bis ganz unten, wird man großzügig mit dem Blick auf die Bucht des Torrent de Pareis belohnt. Hinter den untersten Felsen sieht man die Kiesel am Strand vor türkisblauem Wasser, auf dem Segelschiffe schaukeln.

Über Mallorca reden

An manchen Orten strahlt Mallorca eine unheimliche Ruhe aus. Viele Inselbesucher kehren tiefenentspannt zurück. Zurück in der Realität fällt die Antwort auf die Frage, wie der Urlaub war, manchmal gar nicht so leicht. Aber das ist gar kein Problem: Es wurde schon so viel über Mallorca gesagt. Bedienen Sie sich!

»Auf Mallorca ist die Stille unergründlicher als anderswo.«
George Sand

»Meer, was geht mich das Meer an? Ich will Bier, mehr Bier!«
Tommie im Film »Ballermann 6«

»Wir gingen nach Mallorca, weil es billig und schön war und es außer uns kaum Touristen gab.«
Jorge Luis Borges

»Mallorca ist Poesie und Licht.«
Joan Miró

»Uns geht es ja soooo schlecht. Deshalb fahren wir zum Jammern nach Mallorca.«
Joachim Bullermann

»Sogar auf Mallorca liegt jetzt Schnee. Einige Urlauber sind schon mit den Köpfen in den Sangria-Kübeln festgefroren!«
Harald Schmidt

»Ein Himmel wie Türkis, eine See wie Lapislazuli, Berge wie Smaragd, Luft wie der Himmel.«
Frédéric Chopin

Quellen

Ein steter Quell für Themen, Zahlen und Zitate waren die beiden deutschsprachigen Wochenzeitungen »Mallorca Zeitung« und »Mallorca Magazin«. Selbstverständlich spielte auch die Auswertung der spanischsprachigen Presse eine große Rolle bei der Recherche für dieses Buch.

Wenn Statistiken auftauchen, stammen sie immer von amtlicher Seite. An erster Stelle, was Wirtschaft, Arbeit, Tourismus und Bevölkerungszahlen angeht, ist dies das *Institut d'Estadística de las Illes Balears* IBESTAT (www.ibestat.cat). Die Wetterdaten stammen vom staatlichen spanischen Wetterdienst *Agencia Estatal de Meteorología* AEMET (www.aemet.es). Alle Zahlen aus dem Bereich Essen und Trinken sowie Landwirtschaft fußen auf Untersuchungen des Instituts *Illes Balears Qualitat* (www.illesbalearsqualitat.es), das dem Landwirtschaftsministerium der Balearen untersteht. Die offiziellen Zahlen zu den Häfen der Insel stellt regelmäßig die staatliche spanische Hafenverwaltung *Ports de Balears* (www.portsdebalears.es) der Öffentlichkeit zur Verfügung.

Die deutsche Nationalbibliothek (www.dnb.de) hat dabei geholfen, Publikationen vom Buch bis zur wissenschaftlichen Arbeit über Mallorca zu finden. Die zitierten Schlagzeilen der »Bild«-Zeitung hat der Springer-Verlag, Berlin, aus dem Archiv gesucht und zur Verfügung gestellt. Der deutsche Journalist Andreas John, der auf Mallorca lebt, hat bei der Zusammenstellung von Fakten im Bereich Wassersport und Nautik geholfen. Dr. Ciro Krauthausen, der Chefredakteur der »Mallorca Zeitung« war mit Faksimile-Ausdrucken alter MZ-Ausgaben behilflich. Und der Sportwissenschaftler und Radprofi Jan Eric Schwarzer mit Wohnsitz auf Mallorca hat dieses Buch mit seinem Fachwissen in Sachen Radsport unterstützt.

Eine wertvolle Hilfe war der Reiseführer »600 Fragen zu Mallorca« von Joan-Antoni Adrover i Mascaró. Der mallorquinische Autor hatte sich über viele falsche Angaben in ausländischen Druckwerken geärgert und deshalb in seinem Buch alles Wissenswerte zusammengetragen, was er in Jahrzehnten über seine Insel erfahren hatte. Schnell hat sich bei der Recherche herausgestellt, dass immer mindestens eine weitere Quelle seine Beschreibungen bestätigt. Last but not least war Hans Müller, Vize-Präsident des mallorquinischen Fremdenverkehrsverbandes *Fomento del Turismo*, eine große Unterstützung. Er hat sämtliche Zahlen in Sachen Tourismus und Hotelketten zur Verfügung gestellt.

Alle Angaben wurden zwischen Mai und Oktober 2014 zusammengetragen.

Literatur

Joan-Antoni Adrover i Mascaró: 600 Fragen zu Mallorca, Campos 2010

Sabine Braß: Problematik bei der Umstrukturierung einer bestehenden Destinationsmarke am Beispiel der Baleareninsel Mallorca, FH Westküste, Heide (Schleswig-Holstein), 2001

Carlos Garrido: Mallorca Mágica, Palma 2006

Thomas Schmitt: »Qualitätstourismus« – eine umweltverträgliche Alternative der touristischen Entwicklung auf Mallorca? In: *Geographische Zeitschrift*, 88. Jahrg., H. 1 2000

Nützliche Links

www.gobmallorca.com/deutsch/text_tourismusboom.pdf

www.ruhr-uni-bochum.de/rubin/geowissenschaften/pdf/beitrag3.pdf

www.zeit.de/reisen/2014–01/statista-flugreisen-sommer-2013

mallorca-alles-inklusive.de

www.strafblog.de

rosenheim24.de/leben/kurios/forscher-entdeckenursachen-handtuchkrieg-urlaub-ro24–2361552.html

www.mallorcaweb.com

www.mallorca-people.de

www.oecdregionalwellbeing.org

www.baedeker.com/wp-content/uploads/2013/01/die
    steinschleuderer.pdf
www.quaeldich.de/paesse/coll-de-soller/profile/
    nordanfahrtvon-soller
www.elephant10.com/restaurants_mallorca
www.spiegel.de
www.ballermann-shirts.de
www.miro.palmademallorca.es
www.uib.cat
www.mallorcamegacharts.de
www.mallorcaquality.com/historia-de-alcudia
www.historiamallorca.net
www.mallorca-explorer.de/geschichte.php
www.mallorcasuite.com/es/historia.htm